Jörg Vierke
Die beliebtesten Zierfische

W0011300

Jörg Vierke

Die beliebtesten Zierfische

Franckh-Kosmos

Impressum

Mit 15 Farbaufnahmen von B. Kahl (12) und dem Verfasser (3; S. 20 oben und 37 oben) sowie 23 Schwarzweißzeichnungen des Verfassers.

Umschlaggestaltung von Atelier Reichert, Stuttgart, unter Verwendung von 10 Farbaufnahmen von Burkard Kahl (9) und Reinhard-Tierfoto (Skalar).

Die Umschlagvorderseite zeigt (von links nach rechts, reihenweise von oben nach unten) Zebrabärblinge (*Brachydanio rerio*), Schmetterlingsbuntbarsch (*Papiliochromis ramirezi*), Kardinalfische (*Tanichthys albonubes*), Rote Neon (*Paracheirodon axelrodi*), Rote Regenbogenfische (*Glossolepis incisus*), Schrägschwimmer (*Thayeria boehlkei*), Kirschflecksalmler (*Hyphessobrycon erythrostigma*), Skalar (*Pterophyllum scalare*), Leierschwanz-Mollys (*Poecilia sphenops*); die Umschlagrückseite einen Paradiesfisch (*Macropodus opercularis*).

Die Deutsche Bibliothek –
CIP-Einheitsaufnahme

Vierke, Jörg:
Die beliebtesten Zierfische / Jörg Vierke. –
2. Aufl. – Stuttgart : Franckh-Kosmos,
1992
   ISBN 3-440-06563-4

2. Auflage, 1992
© 1990, Franckh-Kosmos Verlags-GmbH & Co., Stuttgart
Alle Rechte vorbehalten
ISBN 3-440-06563-4
Printed in Germany / Imprimé en Allemagne
Satz: G. Müller, Heilbronn
Herstellung: Huber KG, Dießen

Die beliebtesten Zierfische

Ein paar Worte voraus

Das Wichtigste am Aquarium sind die Fische. So denken jedenfalls die meisten Aquarianer. Die Auswahl an geeigneten Arten in den Zoofachgeschäften ist groß, ja manchmal ist das Angebot geradezu verwirrend. Einige Zierfische sind jedoch seit vielen Jahren bei jungen und alten Aquarianern Favoriten. Diese »Bestseller« unter den Fischen sind erfreulicherweise in aller Regel auch die empfehlenswertesten. Dennoch muß man einiges über ihre Ansprüche wissen, wenn man dauerhaft an ihnen Freude haben will.

Alle Hobby-Aquarianer sind Tierfreunde, daran gibt es sicher keinen Zweifel. Warum hätten sie sich sonst ein Aquarium zugelegt, wenn nicht aus dem Wunsch heraus, die Natur zu beobachten und um den Geschöpfen näher zu sein? Leider muß man manchmal Aquarien sehen, die man bei Tierfreunden nicht erwarten würde. Ich meine hier nicht etwa Aquarien mit ungeputzten Scheiben oder mit nicht kristallklarem Wasser. Das sind Faktoren, die vielleicht bei den Mitmenschen einen schlechten Eindruck machen, die den Tieren aber ziemlich egal sind. Ich denke an Fische, die falsch untergebracht sind. Vielleicht

sind zu viele Fische im Aquarium, man hat Arten zusammengebracht, die sich unmöglich vertragen können, oder man hält Fische, die bei den gegebenen Wasserbedingungen auf Dauer nicht leben können. Die Halter derartiger Aquarien, das muß ganz deutlich gesagt werden, sind Tierquäler, denn sie lassen es zu, daß ihre Pfleglinge in einer nicht artgerechten Umgebung langsam zu Tode kommen!

Zugegeben, diese Aquarianer handeln besten Gewissens und sind alles andere als bösartig. Ihnen fehlt einfach das Wissen über die Ansprüche der von ihnen abhängigen Tiere.

Jede Tierart hat andere Ansprüche an den Pfleger. Der Zoofachhändler kann bei bestem Willen nicht so ausführlich beraten, wie es in einem Buch möglich ist. Somit bleibt einem verantwortungsbewußten Tierfreund das Lesen nicht erspart.

Mit diesem Buch möchte ich Hilfen geben, die es jedem Aquarianer möglich machen, die gröbsten Fehler bei der Tierhaltung zu vermeiden. Erst wenn sich die Fische offensichtlich wohl fühlen, kann man als Aquarianer auch Freude an ihnen haben.

Allgemeines über Fische

Was sind Fische?
Eine Einführung

Fische gibt es bereits seit gut 450 Millionen Jahren auf der Erde. In der Devonzeit entwickelten sich aus einigen der damals lebenden Fische die ersten Vierfüßer, die Vorfahren aller jetzt lebenden Amphibien, Reptilien, Säugetiere und auch des Menschen. Fische sind also unsere entfernten Verwandten.

Der Ursprung der Fische liegt noch weitgehend im dunkeln. Er soll uns hier auch nicht weiter interessieren. Auf jeden Fall sind zwei außerordentlich verschiedene Fischgruppen entstanden, die Knorpelfische und die Knochenfische. Alle im Normal-Aquarium gehaltenen Fische sind Knochenfische. Nur von ihnen soll im folgenden die Rede sein. Zu den Knorpelfischen werden vor allem die Haie und die Rochen gezählt.

Ich will in dieser Einführung zunächst vom »Normalfisch« ausgehen, vom Idealtyp gewissermaßen, von dem man letztlich alle abweichenden Fischtypen ableiten kann. Der »Normalfisch« ist in Anpassung an das Leben im freien Wasser stromlinienförmig gebaut und seitlich mehr oder weniger abgeflacht. Zur schnellen Fortbewegung im Wasser dienen häutige Anhänge, die durch dünne Knochenstrahlen stabilisiert und je nach Bedarf ausgebreitet oder zusammengefaltet werden können, die Flossen. Den eigentlichen Vortrieb verleiht normalerweise die Schwanzflosse, die durch kräftige Muskulatur des Schwanzes zu seitlichen Ruderschlägen benutzt wird. Die übrigen Flossen dienen in erster Linie zur Stabilisierung der Lage im Wasser, aber auch zum Abbremsen. Daß es zu diesem Grundtyp auch noch andere Fortbewegungstypen gibt – beispielsweise das Schlängeln eines Aals und das Brustflossenrudern der Kugelfische – sei hier nur am Rande erwähnt. Im Idealfall ist ein Fisch im Wasser austariert, das heißt, er ist weder zu schwer noch zu leicht im Wasser, er schwebt in der jeweiligen Wassertiefe. Hierzu hat er eine mit Luft gefüllte Schwimmblase, deren Füllungszustand geändert werden kann und die ihm so hilft, sich im Wasser auszutarieren.

Viele Fischarten halten sich seit Jahrmillionen nicht mehr im freien Wasser auf. Sie haben sich bestimmten anderen Lebensbedingungen angepaßt, dem Leben am Boden wie die Plattfische und einige Welse, dem Leben in engsten Hohlräumen wie einige wurmartige Arten (Aale und Dornaugen) oder dem Leben am Strand wie die Schlammspringer. So ist es im Laufe der Entwicklungsgeschichte zu Abwandlungen der Körperform und zur Spezialisierung oder Rückbildung von Flossen, Schwimmblasen oder anderen Organen gekommen.

Da die Bedingungen im Wasser mit denen am Lande nur teilweise zu vergleichen sind, sind die Sinnesorgane der

Einführung

Fische für uns Landwesen teilweise durchaus ungewöhnlich. Ein sehr wichtiger Sinn der Fische ist der Lichtsinn. Ihre Augen unterscheiden sich vor allem in zwei Punkten von denen landlebender Tiere: Fischaugen haben keine Lider als Schutzorgane gegen Staub und Austrocknung, und sie sind in der Ruhe auf Nahsicht eingestellt. Landlebende Tiere blicken normalerweise entspannt in die Ferne und müssen für das Nahsehen einen Muskel betätigen. Bei Fischen ist das umgekehrt, denn der Fernbereich ist wegen der nur selten idealen Sichtbedingungen unter Wasser weniger wichtig als die Nähe.

Natürlich verfügen Fische auch über chemische Sinne. Viele Arten haben um den Maulbereich spezielle Tast- und Schmeckfäden (Barteln). Einige, wie die Fadenfische, schmecken sogar mit ihren fadenartig verlängerten Bauchflossen. Allerdings werden die Fäden der Fadenfische weniger zur Nahrungssuche oder zum Überprüfen der Nahrung eingesetzt, sondern vor allem zum »Abschmecken« von Artgenossen. Auf diese Weise erhalten sie einen Eindruck vom Befinden ihres Gegenübers.

Natürlich ist es für einen Fisch extrem wichtig zu wissen, ob sich in der Ferne ein Beutetier oder gar ein Feind nähert. Das Auge ist, wie gerade gezeigt wurde, hier nicht sehr zuverlässig, aber im Wasser hilft ein gesondertes Organ: das Seitenlinienorgan. Das ist ein in die Haut versenkter Kanal, der am Körper des Fisches oft auch ohne Schwierigkeiten als Seitenlinie erkannt werden kann. Im Kopfbereich ästelt sich das Seitenlinienorgan meist in eine Vielzahl noch kleinerer Kanäle auf. Die mit leicht verschiebbarem Schleim gefüllten Röhren stehen mit der Außenwelt über Poren in Verbindung. Treffen jetzt Druckwellen auf den Körper des Fisches, dann verschiebt sich die Schleimschicht in den Kanälen und damit auch eine Vielzahl winziger Sinneshärchen, die sich dort befinden. Über die Sinneshärchen wird dem Fisch gemeldet, ob sich ein Objekt nähert, ob es groß oder klein ist und welche Form und Geschwindigkeit es hat. Dieser Ferntastsinn kann dem Fisch, der ja beim Schwimmen seinerseits Druckwellen aussendet, auch Informationen über die Lage unbewegter Gegenstände vermitteln. Es handelt sich dabei um das Echolotprinzip. Die ausgeschickten Druckwellen werden an Gegenständen mehr oder weniger reflektiert und gelangen so zum Fisch wieder zurück und können nun registriert werden.

Auch wenn Fische keine äußerlich erkennbaren Ohren haben, können sie ausgezeichnet hören. Ihr Innenohr ist im Prinzip ganz ähnlich wie das unsere aufgebaut. Einige Arten, wie die Karpfenfische, haben sogar einen besonderen Schallverstärkermechanismus, der mit der Schwimmblase in Kontakt steht.

Wer Geräusche wahrnimmt, sollte auch Geräusche erzeugen können. Tatsächlich sind Fische weder taub noch stumm! Viele Arten erzeugen unter Wasser regelrechte Konzerte. Nur wir Menschen sind normalerweise nicht in der Lage, diese Geräusche wahrzunehmen. Vor dem Aquarium haben wir allerdings hin und wieder durchaus die Chance, die lauteren unter den Fischen auch ohne

Anstrengung zu hören. Einige Schmerlen geben deutliche Klickgeräusche von sich. Segelflosser, Fadenfische und natürlich die berühmten Knurrenden Guramis verständigen sich hin und wieder durch Töne.

Zweifellos sind für die Fische die Augen in der Regel wichtiger als das Gehör. Die hauptsächliche Verständigung mit Artgenossen, aber auch mit anderen Tieren, erfolgt zum einen über Veränderung der Körperstellung, der Flossenhaltung und der Farben. Zum Drohen, vor allem aber zur Balz, werden besonders auffallende Haltungen eingenommen und besonders prächtige Farben und Farbmuster präsentiert.

Zum anderen dienen der Umgebung angepaßte Farben und gestaltauflösende Farbmuster im Zusammenhang mit einer ruhigen Lebensweise oft auch der Tarnung von Fischen. Hier ist es interessant zu betrachten, wie manche Fischarten den Konflikt lösen, einerseits bei den Artgenossen aufzufallen, andererseits aber gleichzeitig vor den gefährlichsten Freßfeinden einigermaßen geschützt zu bleiben. Viele Arten zeigen seitlich oder auch nach unten hin die auffallendsten Farben und Farbmuster, wie beispielsweise Stichlingsmännchen und Fadenfische bei der Balz. Diese Fische sind in ihren Heimatgewässern vor allem von Luftfeinden bedroht, besonders von Eisvögeln, Reihern und anderen Vogelarten. Schauen Sie diese, aber auch ihre anderen Aquarienfische, mal von oben an! Aus dieser Sicht erscheinen sie vortrefflich getarnt. Man merkt es, wenn man einige Fische mal aus dem Aquarium herausfangen will

und dabei von oben in das Becken schaut. Ausnahmen von dieser Regel machen fast nur die Kunstzüchtungen, also Fische, die sich in der freien Natur nicht zu behaupten brauchen: Goldfische, Schleierkampffische, Rote Schwertträger und einige der weißlichen Albinoformen.

Die Namen unserer Fische

Die üblichen Fischnamen sind Artbezeichnungen. Die Biologen zählen zu einer Art alle Lebewesen, die miteinander fortpflanzungsfähige Nachkommen haben könnten, wenn sie dazu Gelegenheit hätten und sie vom Alter und vom Geschlecht zusammenpassen würden. Die Biologen reimen: Alles, was sich paart und schart, gehört zu einer Art!

Artangehörige sind im allgemeinen an ihrer großen äußerlichen Ähnlichkeit zu erkennen. Allerdings gibt es hier Ausnahmen. Sie betreffen besonders die Ausbildung von Flossen und Farben. Manchmal sind die Geschlechter unterschiedlich ausgeprägt. In anderen Fällen gibt es innerhalb einer Art jedoch ganze Gruppen mit anderen Farben oder Flossen. Mitglieder der Art »Siamesischer Kampffisch« können beispielsweise einfarbig rot, blau, gelb oder auch bunt sein. Es gibt Siamesische Kampffische mit und ohne Schleier, mit einfachem Schwanz oder mit verdoppelter Schwanzflosse. Man spricht dann von verschiedenen Zuchtrassen.

Auch bei Guppys, Platys, Segelflossern und manchen anderen Arten gibt es Zuchtrassen.

Natürlich hat jede Tierart, also auch jede Fischart, einen eigenen Artnamen. In aller Regel werden wir uns sicher an die deutschen Namen halten, aber die sind nicht immer zuverlässig. Als Zebrabuntbarsch kann man beim Händler beispielsweise völlig verschiedene Tiere bekommen. Daher ist es zumindest sinnvoll, sich auch einmal mit den wissenschaftlichen Namen zu befassen, auch wenn man die natürlich nicht auswendig kennen muß. In den meisten Fachbüchern werden aber auch die wissenschaftlichen Namen genannt.

Jede bekannte Art ist von den Biologen beschrieben und benannt. Dabei gibt es nicht nur deutsche, englische und anderssprachliche Namen. Entscheidend für die Biologen sind die wissenschaftlichen Namen, die oft aus dem Lateinischen stammen. Der Siamesische

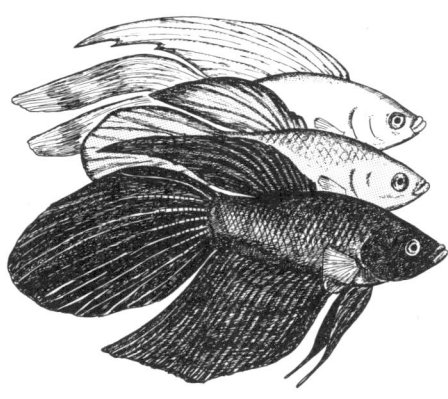

Schleierkampffisch-Männchen (*Betta splendens*) unterscheiden sich in Färbung und Flossenformen.

Kampffisch heißt mit wissenschaftlichem Namen *Betta splendens*. Dabei ist »splendens« der eigentliche Artname. Er heißt in unserem Fall übersetzt »glänzend«, aber das ist eigentlich nicht entscheidend. Wichtig ist dagegen, daß dieser Name eindeutig ist und international verstanden werden kann. Aus diesem Grunde darf es auch wirklich nur sehr gewichtige Gründe für Wissenschaftler geben, einen einmal festgelegten Namen wieder zu ändern.

Der erste Name einer Fischart, bei *Betta splendens* also *Betta,* ist der Gattungsname. Alle mit dieser Art nahe verwandten Arten haben den gleichen »Vornamen«. Neben *Betta splendens* gibt es beispielsweise die Arten *Betta bellica,* den Kriegerischen Kampffisch, und *Betta smaragdina,* den Smaragd-Kampffisch. Das ist für uns Aquarianer ganz praktisch. So können wir nahe Verwandte schon am Namen erkennen. Sie haben oft ähnliche Verhaltensweisen und Ansprüche.

Manchmal kommen Fische in den Handel, bei denen der Händler zwar den Gattungsnamen angeben kann, nicht aber die Artzugehörigkeit. Sie werden dann beispielsweise »*Betta* spec.« genannt. Die Abkürzung spec. für species heißt »Art«. Solche Bezeichnungen können verschiedene Gründe haben. Vielleicht ist dieser Fisch nur von Spezialisten zu bestimmen, vielleicht handelt es sich aber auch um eine Art, die der Wissenschaft bisher noch nicht bekannt geworden ist, für die es also noch keinen wissenschaftlichen Artnamen gibt.

Gelegentlich findet man hinter dem Doppelnamen weitere Bezeichnungen, beim Siamesischen Kampffisch zum Beispiel *Betta splendens* REGAN 1910. Hier wird zusätzlich zum Artnamen noch der Erstbeschreiber der Art und das Jahr der Erstbeschreibung genannt. Das ist für Aquarianer nur selten interessant und wird in diesem Buch daher nicht erwähnt. Andere Bezeichnungen können Rassen beschreiben, zum Beispiel *Betta splendens* rot oder *Betta splendens* blau/Doppelschwanz.

Allgemeines zur Vergesellschaftung

Als verantwortungsbewußter Pfleger muß man sich darüber klar sein, daß man Fische nicht einfach miteinander zusammenbringen kann, ohne sich vorher über deren spezielle Bedürfnisse zu informieren. Welche Wasserbedingungen, welche Temperatur brauchen diese Fische, wie groß werden sie, vertragen sie sich mit ihren Mitbewohnern? Auskunft zu diesen und weiteren Fragen soll im speziellen Teil gegeben werden. Gehen wir davon aus, daß wir ein gut mit Pflanzen und Steinen, eventuell noch mit einer dekorativen Kienholzwurzel eingerichtetes Aquarium besitzen. Wie viele Fische dürfen wir guten Gewissens in unserem Aquarium unterbringen? Hier hilft uns am besten eine Faustregel weiter. Pro Liter Aquarienwasser ist ein Zentimeter Fisch gestattet! Gehen wir von einer durchschnittlichen Fischgröße von 5 cm aus, dann könnten in einem 100-Liter-Aquarium $100 : 5 = 20$ Fische unterkommen. Haben wir nur kleine Fische von 3 cm Gesamtlänge, dann würde das 100-Liter-Aquarium $100 : 3 = 33$ Fische fassen. Nun kann sich also jeder ausrechnen, wie viele Fische er ohne Gewissensbisse in seinem Becken unterbringen kann. Die Sache hat allerdings einen Haken. Schon beim Besetzen des Aquariums sollte man für die Zukunft vorausplanen. Andernfalls wäre das Aquarium beim rasanten Wachstum vieler Fische schon nach wenigen Wochen überbesetzt. Wir müssen uns bei der Planung des Fischbesatzes an der »Endgröße« der Tiere orientieren, nicht an ihren momentanen Maßen.

Eigentlich kann man von Endgrößen bei Fischen gar nicht reden. Wußten Sie, daß, im Gegensatz zum Menschen und den meisten anderen Tieren, Fische bis zu ihrem Tode wachsen? Fische sind daher niemals ausgewachsen, wenngleich der Zuwachs mit zunehmendem Alter sich mehr und mehr verlangsamt. Somit kann man die im speziellen Teil wiedergegebenen Größenangaben nur als Richtwerte betrachten. Sie geben an, welche Gesamtlänge Tiere der betreffenden Art im normalen Liebhaber-Aquarium bei guter Pflege erreichen können. In der freien Natur und in den Schaubekken von Großaquarien können durchaus andere Werte erreicht werden. Einige, nicht alle Arten, verlangsamen ihr Wachstum, wenn die räumlichen Bedingungen nicht danach sind.

Man sollte sich nicht nur über die Zahl der in einem Aquarium unterzubringenden Fische Gedanken machen, sondern auch über die Zahl der verschiedenen Arten. Auch hier ist weniger in aller Regel weit besser als zu viel. Schon die Tatsache, daß viele Fische im Schwarm

11

mit Artangehörigen leben müssen, wird bei verantwortungsbewußten Pflegern letztlich dazu führen, daß nicht gar zu viele verschiedene Arten in ihren Aquarien miteinander untergebracht werden.

Schwarm- und Revierfische

Man kann Zierfische grob in zwei Gruppen einteilen, in Schwarmfische und in Revierfische. Zur ersten Gruppe gehören die Arten, die immer die Gemeinschaft von ihresgleichen brauchen. Von ihnen sollten wir mindestens sechs, möglichst noch ein paar mehr Artangehörige kaufen.

Wenn Schwarmfische einzeln oder paarweise gehalten werden, werden sie regelrecht neurotisch. Entweder stehen die sonst vielleicht munteren Schwimmer nur noch still in einer Ecke herum, verfetten langsam und sterben eines vorzeitigen Todes. Oder aber, die vereinzelten Schwarmfische werden zu lästigen Störenfrieden im Aquarium, die ständig andere Fische jagen oder die ihnen auf andere Weise schaden. Auch in zu kleinen Schwärmen kann es vorkommen, daß einer der Schwarmfische zum ständig Gehetzten wird.

Richtig untergebrachte Schwarmfische sind dagegen die besten Aquarienfische, die man sich vorstellen kann. Sie beschäftigen sich auf harmlose Weise in allererster Linie mit ihresgleichen und beleben das ganze Aquarium mit ihren oft herrlichen Farben und ihrem munteren Wesen.

Revierfische sind eigentlich das genaue Gegenteil zu Schwarmfischen. Sehr vorsichtige Aquarianer verzichten möglicherweise auf sie, weil sie Angst vor ihrem manchmal etwas komplizierten Charakter haben. Andererseits sind gerade sie das Salz in der Aquarianer-Suppe, das dem Hobby die notwendige Würze verleiht!

Revierfische beanspruchen einen Teil des Aquariums als ihren Privatbesitz, eben als ihr Revier. Dabei gestatten sie möglicherweise artfremden Fischen, es zu durchschwimmen oder sich darin auch kurzzeitig aufzuhalten. Gerade Artangehörige werden aber heftig aus diesem Revier vertrieben. Das Revier dient nämlich in den meisten Fällen als Brut- und Aufzuchtort für die Jungen.

Damit wird schon klar, daß es für Revierfische auch Ausnahmen von der Regel geben muß, daß Artangehörige aus dem Revier vertrieben werden. Geschlechtspartner machen selbstverständlich eine Ausnahme, bei verpaarten Fischen manchmal auf Dauer, in anderen Fällen zumindest für eine gewisse Zeit.

Sicher wird jetzt verständlich, wieso ich auch für das Halten von Revierfischen plädiere! Sie versprechen uns mit ihrem interessanten Verhalten, speziell aber mit ihrer Brutpflege, die spannendsten und schönsten Stunden vor dem Aquarium. Da sie aber etwas komplizierter sind, muß man auch etwas mehr über die Revierfische wissen. Bei den Beschreibungen der einzelnen Arten weise ich auf viele Besonderheiten hin, die es dort zu beachten gilt.

Zum Schluß sei nur knapp angemerkt, daß die Unterteilung in Schwarm- und Revierfische eine zwar praktische, letzt-

Buntbarsch-Männchen kämpfen als typische Revierfische ihre Territorien aus.

lich aber keine endgültige Einteilung sein kann. Typische Schwarmfische, wie beispielsweise die Neonfische, verteidigen zum Ablaichen für wenige Stunden hartnäckig ihre Reviere, typische Revierfische, wie beispielsweise die Buntbarsche, leben in ihrer Jugendzeit die meiste Zeit im Schwarm.

Die beliebtesten Zierfische

Allgemeines

Im Hauptteil des Buches will ich die schönsten und interessantesten Zierfische im einzelnen vorstellen. Ich habe sie zunächst nach groben Verwandtschaftsgruppen geordnet, zumeist nach Fischfamilien. Hier führe ich typische Merkmale dieser Gruppen auf, die für die Aquarienpraxis wichtig oder die einfach nur interessant sind.

Anschließend werde ich einzelne Arten aus den jeweiligen Gruppen vorstellen. Ich habe mich dabei bemüht, wirklich Arten auszuwählen, die regelmäßig bei den Zoofachhändlern zu bekommen sind, die viel gekauft werden, die beliebtesten Zierfische also! Nur in Ausnahmefällen habe ich auch Fische erwähnt, die nicht regelmäßig angeboten werden. Das sind dann Arten, bei denen es sich wirklich lohnt, nach ihnen Ausschau zu halten.

Ab Seite 66 habe ich die in den Artbeschreibungen erwähnten Fischarten in der gehabten Reihenfolge noch einmal mit ihren wichtigsten Merkmalen in tabellarischer Form zusammengetragen. Hier habe ich besonders die für Kaufentscheidungen wesentlichen Merkmale aufgeführt wie die im normalen Heimaquarium zu erwartende Gesamtlänge, die Ansprüche an Wasserwerte und Mitpfleglinge und eine Empfehlung für die Anzahl der zu beschaffenden Tiere. Ich setze dabei ein 100-Liter-Aquarium voraus. Es ist klar, daß man bei größeren Becken auch bei der Zahl der Artgenossen höher gehen kann, bei den Schwarmfischen sogar höher gehen sollte. Auf jeden Fall sollte man sich immer bei den einzelnen Artbeschreibungen zusätzliche Informationen einholen, wenn man sich für eine Art speziell interessiert. Und natürlich sollten wir immer an die Faustregel denken: pro Liter Aquarienwasser nicht mehr als 1 cm Fischlänge (zu erwartende Gesamtlänge, vergleiche Seite 11, 66)!

Salmler

Die bekanntesten und typischsten Aquarienfische gehören zu den Salmlern. Es handelt sich dabei um kleine, oft sehr farbige Schwarmfische, die in Afrika, zum größeren Teil jedoch in Südamerika zu Hause sind. Zwar gibt es auch größere und sogar räuberische Arten (die berüchtigten Piranhas des Amazonasgebietes gehören dazu) und auch einzelgängerisch lebende Salmlerarten. Das aber sind für die Aquarianer weniger bedeutende Fische. Die meisten Salmler sind typische, meist sehr friedliche Schwarmfische. Fast alle Salmler sind durch den Besitz einer Fettflosse ausgezeichnet, einer kleinen, nicht von Flossenstrahlen gestützten Flosse, die sich zwischen Rücken- und Schwanzflosse befindet.

Gelegentlich kann man Salmler beim Ablaichen im Gesellschaftsbecken beobachten, aber die Jungen kommen nur in Ausnahmefällen hoch. Zur Salmlerzucht braucht man Spezialaquarien, die vorher desinfiziert werden müssen. Das Wasser muß völlig bakterienfrei sein, sehr mineralarm und leicht sauer. Fast alle kleinen Salmler sind zur Haltung empfehlenswert. Im folgenden sollen nur diejenigen Arten gesondert erwähnt werden, die besonders viel verkauft werden und die sich für ein Gesellschaftsaquarium empfehlen.

Der Neonsalmler
Paracheirodon innesi

Nur noch der Rote Neon ist gleichermaßen beliebt unter den Aquarienfischen. Der herrlich blaurote Fisch aus dem Gebiet des Amazonasstroms ist seit seiner Ersteinfuhr 1936 ein »Renner« unter den Zierfischen.
Das liegt natürlich in erster Linie an seiner Farbenpracht, aber auch daran, daß er absolut friedlich und wirklich pflegeleicht ist. Als Schwarmfisch sollte man ihn selbstverständlich zu mehreren pflegen. Das sieht auch besser aus. Am besten wirken die Neons über einem dunklen Bodengrund und vor dunklem Hintergrund. Aber das gilt für sehr viele andere Salmler auch. Bei nicht zu hartem Wasser und nicht zu hohen Temperaturen kann ein Neonfisch über 10 Jahre alt werden.

Die Zucht der Neonfische ist zwar längst nicht mehr problematisch wie früher, aber es ist und bleibt eine Sache für Spezialisten. Die meisten der heutzutage verkauften Neonfische werden nicht mehr der Freiheit entnommen. Sie stammen aus Zierfischzüchtereien in Deutschland und vor allem aus Hongkong.

Der Rote Neon
Paracheirodon axelrodi

Mit seiner Ersteinfuhr 1956 begann der Rote Neon dem eigentlichen Neonfisch den Rang abzulaufen, denn er ist noch farbenprächtiger als jener. Auch der Rote Neon ist ein sehr friedlicher und durchaus genügsamer Schwarmfisch. Er stammt vor allem aus dem Gebiet des Rio Negro. Fast alle im Handel angebotenen Fische sind Wildfänge. Jährlich werden etwa 15 Millionen Rote Neons über Manaus, der brasilianischen »Hauptstadt Amazoniens«, verschickt. Das entspricht einem Exporterlös von 347.000 US-Dollar.

Der Rote Neon sollte möglichst in weichem und leicht saurem Wasser gehalten werden. Dann kann man lange Freude an den Tieren haben. In zu hartem Wasser gehaltene Neons sterben entweder schon kurzfristig oder zumindest nach ein oder zwei Jahren an Nierenversagen.

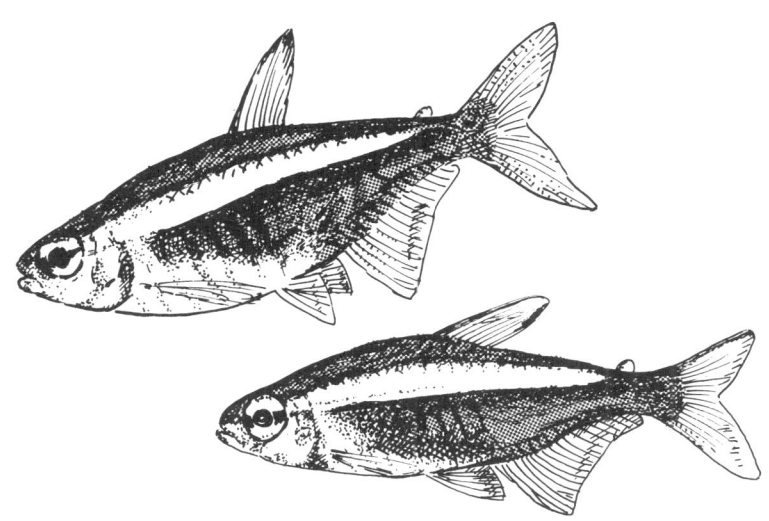

Rote Neonsalmler (*Paracheirodon axelrodi*)

Der Trauermantelsalmler
Gymnocorymbus ternetzi

Ein durch seine gedrungene Gestalt und die teilweise dunkle Färbung attraktiver Schwarmfisch, der außerordentlich genügsam und friedlich ist. Leider geht die anfängliche Schwarzfärbung der halbwüchsigen Fische mit zunehmendem Alter in eine Graufärbung über. Es gibt von dieser ursprünglich im tropischen Südamerika beheimateten Art auch eine Schleierzüchtung.

Der Kupfersalmler
Hasemania nana

Die in Brasilien beheimateten Kupfersalmler sind friedliche und genügsame Schwarmfische, die sich für jedes Gesellschaftsbecken gut eignen. Die munteren kupferfarbenen Fischchen mit den hellen Flossenspitzen wirken besonders gut in nicht zu hellen Aquarien. Im Gegensatz zu den meisten Salmlern fehlt diesem Fischchen die Fettflosse.

Der Glühlichtsalmler
Hemigrammus erythrozonus

Auch die Glühlichtsalmler mit ihrem leuchtend roten Längsband sind bezaubernde Fischchen, wenn sie in einem nicht zu hellen Aquarium gehalten werden.
Sie stammen ursprünglich aus Britisch-Guayana, bei uns kommen aber fast nur Nachzuchttiere aus Deutschland und Asien in den Handel. Glühlichtsalmler sind friedliche und in der Pflege recht unproblematische Zierfische.

Dicht aneinandergepreßt laichen Trauermantelsalmler (*Gymnocorymbus ternetzi*) zwischen zarten Pflanzen.

Sumatrabarbe (*Barbus tetrazona*)

Laternenträger (*Hemigrammus ocellifer*)

Der Laternenträger
Hemigrammus ocellifer

Ein gedrungen gebautes Amazonas-
Fischchen, das im Schwarm auch gern
mal ruhig, aber mit regelmäßig zucken-
den Flossenbewegungen im Schatten
von Pflanzen steht. Eine sehr liebenswerte Art, die für jedes Gesellschaftsaquarium bestens geeignet ist.
Ähnliches gilt für den Grünen Salmler
oder Costello-Salmler (*Hemigrammus
hyanuary*) und für den Rotmaulsalmler
(*Hemigrammus rhodostomus*) mit sei-

Oben: Schwarzer Phantomsalmler (*Megalamphodus megalopterus*)

Unten: Rotaugen – Moenkhausia (*Moenkhausia sanctaefilomenae*)

nem typisch schwarzweiß gemusterten
Schwanz. Dem Rotmaulsalmler sehr
ähnlich sind die Rotkopfsalmler (*Hemigrammus bleheri* und *Petitiella ge-
orgiae*), die aber speziell im Hinblick
auf die Wasserqualität anspruchsvoller
sind. Sie brauchen weiches und
schwach saures Wasser.

Der Karfunkelsalmler
Hemigrammus pulcher

Dieser gedrungen gebaute, attraktive
Schwarmfisch aus dem Oberlauf des
Amazonas eignet sich ausgezeichnet
für das gut gepflegte Gesellschaftsaquarium. Das Becken sollte gut bepflanzt und möglichst nicht zu stark be-
leuchtet sein. Eine Schwimmpflanzendecke kann bewirken, daß zu grelles

Licht abgefiltert wird. Die Karfunkelsalmler fühlen sich in nicht zu hartem Wasser und in Gegenwart von friedlichen Mitbewohnern schnell wohl und machen dann ihrem wissenschaftlichen Namen pulcher (= schön) alle Ehre. Man erkennt die etwas schlankeren Männchen am leichtesten durch die Ausfärbung ihrer Afterflosse. Sie ist an der Vorderkante weißlich.

Es werden zwei Unterarten unterschieden: die Nominatform *Hemigrammus pulcher pulcher* und die seltener gepflegte Form *Hemigrammus pulcher haraldi* aus dem Gebiet des mittleren Amazonas bei Manaus. Letztere ist durch ein bedeutend kürzeres Längsband auf der unteren Hälfte des Schwanzstiels ausgezeichnet.

Karfunkelsalmler sind nicht sehr anspruchsvoll und nehmen jedes Futter. Die Zucht ist jedoch – wie bei den allermeisten Salmlern – nur etwas für Spezialisten. Man setzt die Tiere paarweise in einem keimfrei gemachten Plastikaquarium mit etwa 30 bis 50 Liter Fassungsvermögen an, denn das Männchen treibt sein Weibchen sehr heftig. Nicht laichreife Weibchen können sogar zu Tode getrieben werden.

Die Rotaugen-Moenkhausia
Moenkhausia sanctaefilomenae

Das rote Auge und der auffallende schwarze Balken in der Schwanzflosse machen diesen Schwarmfisch aus Südamerika zu einer Zierde für das Gesellschaftsaquarium. Zwar werden diese Salmler größer als viele der anderen Arten, aber sie sind absolut friedlich und stellen in keiner Hinsicht gehobene Ansprüche.

Nahe hiermit verwandt ist der Brillantsalmler *Moenkhausia pittieri*, der aber weiches und saures Wasser braucht, am besten Torffilterung, und möglichst öfter auch Lebendfutter. Die schönen Flossen der Männchen entwickeln sich erst bei älteren Tieren.

Der Rote von Rio
Hyphessobrycon flammeus

Im Händlerbecken mag der Rote von Rio vielleicht manchmal schlecht gegen attraktivere Fische wie den Blutsalmler abschneiden, aber es gibt nur wenige Zierfische, die so anspruchslos und friedfertig sind wie dieser aus der Gegend von Rio de Janeiro stammende Schwarmfisch.

Der Blutsalmler
Hyphessobrycon callistus

Seine blutrote Färbung, der schwarze Schulterfleck und die schwarze Rückenflosse machen den Blutsalmler zu einem der beliebtesten Salmler. Leider ist dieser Schwarmfisch, der ursprünglich aus dem Süden des Amazonasbeckens stammt, weniger friedlich als die eingangs genannten *Hemigrammus*-Arten. Manchmal raufen die Artgenossen untereinander so heftig, daß sie sich gegenseitig Schaden zufügen. Zumeist sind es aber doch relativ harmlose Plänkeleien, die diese kleinen Raufbolde miteinander ausfechten. Die Fische brauchen gelegentliche Lebendfuttergaben. Der Schmucksalmler (*Hyphessobrycon bentosi*) kann gelegentlich auch kräftig rot gefärbt sein. Dann macht der ebenfalls genügsame Schwarmfisch seinem deutschen Namen wirklich alle Ehre! Er ist deutlich friedlicher als sein Vetter, der Blutsalmler.

Der Kirschflecksalmler
Hyphessobrycon erythrostigma

Die auch als Perezsalmler bekannte Art hat in der Körpermitte einen deutlichen roten Fleck. Die Männchen sind durch ihre lang ausgezogenen Rücken- und Afterflossen deutlich von den Weibchen zu unterscheiden. Die Kirschflecksalmler stammen vom oberen Amazonas. Sie sollten in nicht zu hartem Wasser gepflegt werden und gelegentlich auch Lebendfutter bekommen. In der Regel sind sie friedliche Schwarmfische, doch einige Exemplare sind manchmal auch unangenehm zänkisch.

Der Schwarze Phantomsalmler
Megalamphodus megalopterus

Die rauchgrauen Männchen mit ihren großen Segelflossen sind bei ihren oft geführten harmlosen Imponiergefechten allerliebst. Die Weibchen sind an ihren rot gefärbten Bauch- und Afterflossen zu erkennen. Diese Südamerikaner sind friedliche und anspruchslose Schwarmfische, die wärmstens empfohlen werden können.

Der Rote Phantomsalmler (*Megalamphodus sweglesi*) sieht ebenfalls sehr schön aus, ist aber empfindlicher. Er braucht einen häufigeren Wasserwechsel und ruhige Gesellschaft. Die Wassertemperaturen dürfen nicht zu hoch sein.

Der Schrägschwimmer
Thayeria boehlkei

Die meist schräg mit dem Kopf nach oben stehenden Schrägschwimmer sind silbrig gefärbt und haben einen auffallenden schwarzen Längsstreifen, der erst am Rand des unteren Schwanzflossenlappens endet. Die Schwarmfische aus Amazonien sind absolut anspruchslos und friedlich, eignen sich daher für jedes Gesellschaftsbecken. Allerdings brauchen sie einen regelmäßigen Teilwasserwechsel, denn sie vertragen keine organischen Wasserverschmutzungen.

Der Sternflecksalmler
Pristella maxillaris

Die attraktiven Schwarmfische sind ursprünglich in Bächen und kleinen Savannenflüssen von Venezuela, Guayana und Nordostbrasilien zu Hause. Heute werden aber nur noch Nachzuchttiere angeboten. Den älteren Aquarianern sind die bis zu 4,5 cm groß werdenden Fischchen besser unter ihrem früheren Namen *Pristella riddlei* bekannt. Ihre schwarz-weiß-gelben (Rücken- und Afterflosse) und roten (Schwanzflosse) Farben haben den munteren Tieren die deutsche Bezeichnung Wasserstieglitze eingebracht.

Die Männchen bleiben wie bei vielen anderen Salmlern etwas kleiner und deutlich schlanker als die Weibchen. Die robusten Fische können auch noch in härterem Wasser gehalten und sogar gezüchtet werden. Sie sind von Natur aus an solche Bedingungen angepaßt, denn in ihrer südamerikanischen Heimat erstreckt sich ihr Vorkommen teilweise sogar bis in Brackwassergebiete. Auch Sternflecksalmler lieben nicht zu helle Becken mit dunklem Bodengrund. Andernfalls werden sie leicht scheu.

Die Zucht ist für Salmlerspezialisten nicht schwer, wenn man sich die Paare im Schwarm finden läßt. Das so gefundene Paar wird in ein möglichst bakterienfreies Zuchtbecken mit weichem Wasser überführt, das abgeschattet werden muß und störungsfrei aufgestellt werden sollte. Als Laichsubstrat werden feinfiedrige Pflanzen eingebracht, zwischen denen die Weibchen ablaichen. Nach dem Ablaichen müssen die Eltern entfernt werden, da sie sonst ihrer Brut nachstellen. Die Aufzucht der Jungen muß mit allerkleinsten Futtertieren erfolgen.

Der Forellensalmler
Copeina guttata

Forellensalmler sind langgestreckte Salmler ohne Fettflosse, die immerhin bis zu 15 cm Gesamtlänge erreichen können. Sie gehören zu den in Südamerika weitverbreiteten Schlanksalmlern. Für größere Aquarien mit nicht zu kleinen Beifischen ist ein Schwarm dieser prächtigen Fische ideal geeignet. Das Aquarium muß jedoch peinlich genau abgedeckt sein, denn alle Schlanksalmler sind gute Springer! Die friedlichen, harten Fische sind in Tümpeln und langsam fließenden Bächen des mittleren Amazonasgebietes zu Hause. Sie sind rötlichsilbern gefärbt, schillern aber bläulich. Ihre auffallend großen Schuppen tragen auf den Flanken jeweils einen roten Fleck. Die unpaaren Flossen sowie die Bauchflossen sind rötlich getönt. In der Rückenflosse haben sie oft einen auffallenden schwarzen Fleck.

Die Geschlechter sind mit Sicherheit erst in der Laichzeit am gewölbteren Bauch der laichvollen Weibchen zu erkennen.

Zur Fortpflanzung fächelt das Männchen am Boden eine Grube aus, in der schließlich die bis zu 2.000 Eier abgelegt werden. Das Weibchen muß nun aus dem Zuchtbecken entfernt werden, denn für die Brutpflege ist bei den Schlanksalmlern der Vater zuständig. Das Männchen bewacht das Gelege nicht nur, es sorgt auch durch ständiges Flossenfächeln für eine Frischwasserzufuhr. Auch die bereits geschlüpften Jungen werden vom Vater noch einige Tage bewacht.

Der Spritzsalmler
Copella arnoldi

Vermutlich ist der wissenschaftliche Name nicht mehr korrekt, aber unter dieser Bezeichnung werden die Fische immer noch geführt. Spritzsalmler stammen aus dem unteren Amazonasgebiet, aus dem Rio Para und aus Guayana.

Diese sehr friedlichen, eleganten Schlanksalmler sind nicht sonderlich attraktiv gefärbt. Erwähnenswert bei diesen bräunlichen Schwarmfischen ist lediglich ein schwarzer Rückenflossenfleck. Es sind aber sehr friedliche und ziemlich genügsame Salmler, die sich für die meisten Gesellschaftsaquarien gut eignen.

Besonders interessant, ja geradezu einmalig, ist jedoch ihr Fortpflanzungsverhalten. Sie laichen nämlich außerhalb des Wassers ab und lassen hier ihre Brut – gut geschützt vor vielen im Wasser lebenden Laichräubern – heranwachsen. Zum Ablaichen springt ein Spritzsalmlerpaar dicht aneinandergeschmiegt aus dem Wasser und bleibt dann an der feuchten Deckscheibe hängen. Im Freiwasser handelt es sich beim Laichsubstrat vermutlich um über dem Wasser hängende Pflanzenblätter. Hier werden die Eier angeklebt und besamt. Gleich darauf fallen die Eltern wieder zurück ins Wasser.

Nach dem Ablaichen bewacht der Vater die Laichstelle. Außerdem ist er ständig damit beschäftigt, das Gelege feucht zu halten. Dazu bespritzt er die Eier mit kräftigen Schlägen seiner Schwanzflosse. Die Brut schlüpft nach 24 bis 36 Stunden und fällt dann mit dem Spritzwasser ins Aquarium.

Solche Beobachtungen werden aber in der Regel nur gemacht, wenn man die Fische in einem Artaquarium hält, wo sie nicht durch Fische anderer Arten gestört werden.

Der Längsbandziersalmler
Nannostomus beckfordi

Die ebenfalls zu den Schlanksalmlern gezählten Ziersalmler der Gattungen *Nannostomus* und *Nannobrycon* werden wegen ihrer typischen Körperform oft auch als »Bleistiftfische« bezeichnet. Es handelt sich um friedliche, zumeist aber recht scheue Schwarmfische, die sich tagsüber gern still in Deckung stehend versteckt halten. Sie sollten nur in dicht bepflanzten und mit Schwimmpflanzendecken ausgestatteten Aquarien gehalten werden.

Ziersalmler nehmen Trockenfutter, brauchen gelegentlich aber auch lebende Beutetiere. Im Gesellschaftsaquarium besteht immer die Gefahr, daß die »Bleistiftfische« bei der Fütterung zu kurz kommen, da die anderen Beckengenossen oft schneller am Futter sind. Man sollte sie – wenn überhaupt – nur mit ruhigen, sehr friedlichen Kleinfischen vergesellschaften. Im Idealfall hält man sie in einem Artbecken im großen Schwarm.

Längsbandziersalmler sind unter den Bleistiftfischen die in jeder Hinsicht robustesten und daher am empfehlenswertesten. Ihr Name bezieht sich auf ein breites schwarzes Längsband, das vom Maul bis in den unteren Teil der Schwanzflossenbasis zieht. Die Schwanzflosse selbst ist hell. Bei einer Unterart können balzende Männchen am ganzen Körper lebhaft rot werden. Diese Tiere werden gelegentlich als *Nannostomus aripirangensis* bezeichnet, die weniger farbige Variante als *Nannostomus anomalus*.

In gut bepflanzten Artbecken werden immer mal wieder junge Längsbandziersalmler groß, gelegentlich sogar in Gesellschaftsaquarien. Zuchtbecken sollten dunkel stehen. Als Laichsubstrat werden Wasserpflanzen benötigt. Nach dem Ablaichen im Zuchtaquarium stellen die Eltern ihrer Brut nach und versuchen, die Eier möglichst vollzählig wieder zu verspeisen. Die Eltern müssen also baldmöglichst herausgefangen werden. Die Jungen schlüpfen nach etwa 30 Stunden und schwimmen nach weiteren 3 Tagen frei. Jetzt brauchen sie kleinste Einzeller für ihre Ernährung, später frischgeschlüpfte Salinenkrebschen, *Artemia salina*.

Der Marmorierte Beilbauch
Carnegiella strigata

Die südamerikanischen Beilbauchfische sind echte Flugfische, die sich im Freiwasser gelegentlich fliegend und mit schwirrenden Brustflossen aus dem Wasser erheben. Im Aquarium halten sie sich gern in einem kleinen Schwarm direkt unter dem Wasserspiegel auf. Gern stehen sie in der Nähe des Filterauslaufs in der Strömung. Für ihr Wohlbefinden sollten sie gelegentlich Lebendfutter (Mückenlarven) oder aufgetautes Frostfutter bekommen.

Es gibt noch weitere Beilbauch-Arten, die aber, speziell im Hinblick auf die Wasserwerte, noch empfindlicher als *Carnegiella strigata* sind.

Der Kongosalmler
Phenacogrammus interruptus

Der attraktive Schwarmfisch aus Zaire wird ziemlich groß. Man sollte ihm daher auch nur Aquarien von 100 l Fassungsvermögen aufwärts anbieten. Die Tiere sind etwas schreckhaft und brauchen neben Pflanzenverstecken vor allem viel freien Schwimmraum. Die Kon-

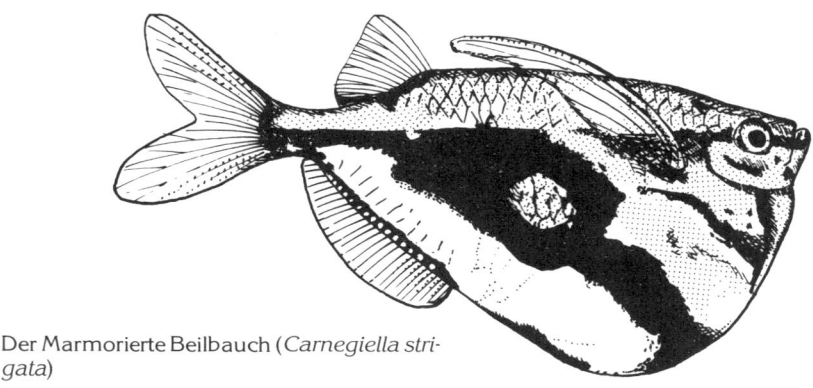

Der Marmorierte Beilbauch (*Carnegiella strigata*)

gosalmler sind friedfertig, dennoch nicht ganz unproblematisch. Gelegentlich knabbern sie an den Trieben zarter Wasserpflanzen. Auch an das Wasser stellen sie gehobene Ansprüche. Es sollte weich, also mineralarm, und leicht sauer sein.

Karpfenfische

Zur Familie der Karpfenfische werden ungefähr 1.250 Arten gezählt. Neben so bekannten Fischen wie dem einheimischen Karpfen und der Karausche zählen auch eine Vielzahl kleiner und oft bunter Tropenfische dazu, die sich hervorragend für die Pflege in Aquarien eignen, allen voran die allesamt in Süd- und Südostasien beheimateten Bärblinge. Die Barben sind in der Haltung meist anspruchsloser als die Bärblinge. Nachteilig ist aber, daß gerade die großen unter ihnen oft so vital sind, daß sie mit ihren groben Spielen bei empfindlicheren Mitfischen Dauerstreß erzeugen können.

Die Haibarbe
Balantiocheilus melanopterus

Ihre Gestalt erinnert ein wenig an Haifische, daher der deutsche Name. Vielleicht wird die Barbe daher auch gern von Anfängern gekauft. Man muß aber wissen, daß die Fische, gute Bedingungen vorausgesetzt, 30 cm groß werden können! Ihr Aquarium sollte mindestens eine Beckenlänge von einem Meter haben, da die Fische viel Bewegung

brauchen. Sie benötigen auch weiches Wasser und möglichst hin und wieder Lebendfutter. Es sind also eigentlich keine Anfängerfische. Ansonsten sind es aber ausgesprochen friedliche Tiere, die man ohne Schwierigkeiten mit anderen Fischen vergesellschaften kann.

Die Prachtbarbe
Barbus conchonius

Die gedrungenen Karpfenfische stammen aus Vorderindien. Sie sind anspruchslose Allesfresser, die nicht sehr wärmebedürftig und mit fast jedem Wasser zufrieden sind. Ihr Temperament kann zusammen mit der Größe der Barben für ruhebedürftige Fische aber störend sein. Die Männchen können, wenn sie in Fortpflanzungsstimmung sind, richtig schön rot aussehen.

Die Purpurkopfbarbe
Barbus nigrofasciatus

Die hochgebauten Barben mit den drei dunklen Körperquerbändern gehören zu den anspruchslosesten Aquarienfischen. Gleichzeitig sind sie immer lebhaft und dennoch friedlich. Allerdings sind sie für sehr ruheliebende Fische weniger gut geeignet.

Die Eilandbarbe
Barbus oligolepis

Die kleinbleibenden Eilandbarben kann man ohne Vorbehalte als liebenswerte

Zierfische für das Gesellschaftsaquarium empfehlen, da sie friedlich sind und jede Nahrung annehmen. Nur das Wasser darf für Eilandbarben nicht zu hart sein.

Die Messingbarbe
Barbus semifasciolatus

Messingbarben stammen aus dem Südosten Chinas. Sie sind anspruchslose, schwimmfreudige Fische, die aber ziemlich groß werden. Man sollte sie wie alle größeren Barben nicht mit sehr ruheliebenden Fischen wie Segelflossern oder Fadenfischen vergesellschaften.
Besonders gern wird die gelbgefärbte Form der Messingbarbe, die Brokatbarbe, gekauft, die oft als »Barbus schuberti« bezeichnet wird.

Sumatrabarben (*Barbus tetrazona*): Bei der Paarung schlingt das Männchen seinen Schwanzstiel über den des Weibchens.

Die Sumatrabarbe
Barbus tetrazona

Die auch Viergürtelbarben genannten hochgebauten Schwarmfische aus Indonesien sind sehr beliebt, da sie immer lebhaft, apart gezeichnet und wirklich in jeder Hinsicht genügsam sind. Sumatrabarben sind eigentlich friedliche Tiere, aber kleinen Fischen gegenüber und größeren, ruheliebenden Arten (Segelflosser, Fadenfische) werden sie mit ihrer Spiellust oft lästig. Es gibt neben der Wildform auch noch die grünen »Moosbarben« als Zuchtform sowie weißliche Albinoformen.
Die auf den ersten Blick sehr ähnlichen Fünfgürtelbarben (*Barbus pentazona*) sind kleiner und in ihrem Verhalten und ihren Ansprüchen völlig anders. Es sind ruhige, manchmal sogar scheue Schwarmfische, die sich für ebenfalls ruhige Beifische gut eignen. Allerdings sind sie im Hinblick auf die Wasserverhältnisse und in der Ernährung anspruchsvoller. Sie sollten doch regelmäßig auch Lebendfutter bekommen.

Die Sonnenfleckbarbe
Barbus ticto

Im Freien wird diese lebhafte Barbe aus Südasien bis zu 10 cm lang. Im Aquarium sieht man aber nur sehr selten Sonnenfleckbarben, die größer als 6 cm sind.
Die ausdauernden und genügsamen Schwarmfische sind gute Gesellschafter auch für robustere Beifische. Es sind relativ friedliche Allesfresser, die –

anders als viele andere Barben – kaum im Boden wühlen. Sie vertragen gut auch niedrige Temperaturen von bis etwa 15 °C, sollten auf Dauer aber nicht bei mehr als 23 °C gehalten werden.

Typisches Artkennzeichen sind zwei schwarze Körperflecken, einer im Schulterbereich direkt hinter den Kiemendeckeln und einer auf dem Schwanzstiel. Hiernach werden sie oft auch als Zweipunkt- oder Zweifleckbarben bezeichnet.

Von dieser Art sind zwei Unterarten bekannt: Aus Vorderindien und Ceylon stammt die Nominatform *Barbus ticto ticto*, aus Burma die nicht einfach davon zu unterscheidende *Barbus ticto stoliczkae*.

Die »Odessabarbe« oder »Rubinbarbe« ist eine Zuchtform dieser Art. Die Männchen zeigen im Prachtkleid einen unscharf begrenzten, breiten, kräftig roten Seitenstreifen. Ihre dunklen Körperflecken sind dann mehr oder weniger verblaßt.

Allerdings muß man Geduld haben. Die Männchen der Odessabarbe zeigen ihre schönen Rubinfarben erst im Alter von sechs bis neun Monaten.

In der Haltung unterscheiden sich Odessabarben nicht von der Ursprungsform.

Die Bitterlingsbarbe
Barbus titteya

Die kleinen Barben aus Ceylon gehören zu den ruhigeren Arten. Wenngleich die Männchen untereinander weitgehend harmlos bleibende Plänkeleien ausführen, kann man die Fische als friedlich bezeichnen und sie jedem Aquarianer wärmstens empfehlen. Ihre Ansprüche sind nicht sehr hoch.

Der Schillerbärbling
Brachydanio albolineatus

In hellen, sonnendurchfluteten Bächen Südostasiens sind die Schillerbärblinge zu Hause. Im Aquarium erfreuen die in jeder Hinsicht anspruchslosen Fische uns als immer muntere, rastlose Schwimmer, die anderen Mitbewohnern gegenüber vollkommen harmlos sind. Lediglich sehr ruhebedürftige Fischarten fühlen sich von ihnen gelegentlich belästigt.

Der Körper dieser schlanken Karpfenfische besitzt einen perlmuttartigen Blauglanz. Auf dem Schwanzstiel haben sie einen zart orangefarbenen, sich zur Schwanzflosse hin verbreiternden Streifen, der beidseitig blau eingefaßt ist. Die Männchen sind etwas intensiver gefärbt als die fülligeren Weibchen.

Der Tüpfelbärbling
Brachydanio nigrofasciatus

Tüpfelbärblinge sind in Gräben und Bächen in Burma zu Hause. Ihr Aussehen erinnert stark an die bekannteren Zebrabärblinge, sie sind aber deutlich ruhiger und wie jene absolut friedlich und ohne übertriebene Ansprüche und somit ohne Einschränkung als hervorragende Schwarmfische für das Gesellschaftsaquarium zu bezeichnen.

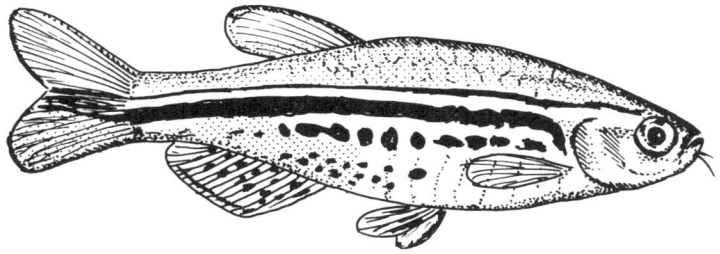

Tüpfelbärbling (*Brachydanio nigrofasciatus*)

Der Zebrabärbling
Brachydanio rerio

Die mit schwarzen Längsstreifen versehenen »Zebras« gehören zu den Oldtimern unter den Aquarienfischen, die zu Recht sicher niemals aus der Mode kommen werden. Sie sind fast ständig in Bewegung und jagen sich untereinander spielerisch, ohne daß es zu wesentlichen Belästigungen bei anderen Mitbewohnern kommt. Gleichzeitig gibt es nur wenig Zierfische, die im Hinblick auf die Wasserwerte und das Futter ebenso genügsam wie die Zebrabärblinge sind. Als typische Schwarmfische brauchen sie aber unbedingt mehrere Artgenossen als Gesellschafter, je mehr, desto besser!

Seit einigen Jahren gibt es auch schleierflossige Zebrabärblinge. Auch die punktierten Leopardbärblinge (*Brachydanio frankei*) sind vermutlich eine Zuchtform der Zebras.

Auch die gelegentlich anzutreffenden Malabarbärblinge (*Danio aequipinnatus*) eignen sich für Gesellschaftsaquarien, wenn die Beifische nicht zu zart oder empfindlich sind. Vom Verhalten ähneln sie sehr den Zebrabärblingen, aber da sie größer werden, bringen sie bei ihren Jagereien doch mehr Unruhe in das Becken.

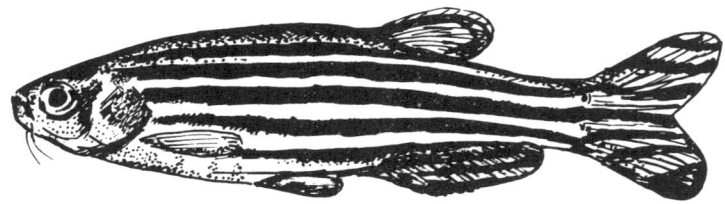

Zebrabärbling (*Brachydanio rerio*)

Karpfenfische

Der Goldfisch
Carassius auratus

Ursprünglich stammten Goldfische aus China. Es sind aus der Karausche herausgezüchtete Varianten, ebenso wie die Schleierschwänze, Teleskop-Fische und Shubunkin.

Goldfische und ihre Zuchtformen sind keineswegs nur Kaltwasserfische. Sie werden in Südostasien bei Temperaturen gehalten und gezüchtet, die um 25 °C liegen. Von dort werden viele auch nach Deutschland exportiert. Es sind ruhige und anspruchslose Fische, die gern am Boden im Mulm gründeln und die wirklich friedfertig sind. Wegen ihres Gründelns und da sie recht groß werden, sind sie jedoch nur bedingt für die Haltung im Gesellschaftsaquarium zu empfehlen.

Die Siamesische Rüsselbarbe
Epalzeorhynchus siamensis

Die langgestreckten Fische mit dem unterständigen Maul und dem breiten, dunklen Längsband sind als Algenfresser bekannt. Sie nehmen willig jedes Futter, sollten aber nicht in zu hartem Wasser gehalten werden. Rüsselbarben sind sehr friedliebend gegen andere Fische, können untereinander aber gelegentlich streiten.

Entsprechendes gilt für die auch im Aussehen ähnliche Schönflossige Rüsselbarbe (*Epalzeorhynchus kallopterus*) aus Indonesien. Sie ist lediglich im Hinblick auf die Wasserbedingungen ein bißchen anspruchsvoller.

Der Feuerschwanz
Labeo bicolor

Die in Thailand beheimateten Feuerschwanz-Fransenlipper sind so eindrucksvoll gefärbt, daß kaum ein Aquarianer ihnen widerstehen kann. Der Körper und alle Flossen sind tiefschwarz, die Schwanzflosse jedoch ist knallrot. Ich will zwar nicht direkt vor dem Kauf dieser Fische warnen, aber dennoch: Feuerschwänze können zum Problem werden!

Jüngere Feuerschwänze sind anderen Fischen gegenüber friedlich. Ältere Tiere können sich aber zu sehr unverträglichen Mitbewohnern in einem Gesellschaftsaquarium entwickeln, das ist nie vorherzusehen. Immerhin erreichen Feuerschwänze Größen von bis zu 12 cm. An das Futter und die Wasserwerte werden keine Ansprüche gestellt. Eins aber ist wichtig: Mit Artgenossen sind Feuerschwänze auf längere Sicht nicht zusammenzuhalten. Immer nur ein Exemplar kaufen!

Die Rotflossenrasbora
Rasbora borapetensis

Man erkennt diese Bärblinge am dunklen Körperlängsstreifen, der hinter den Kiemendeckeln beginnt und vor der Schwanzflosse endet. Die Schwanzflosse ist in ihrem körpernahen Teil mehr oder weniger rötlich gefärbt.

Die friedlichen Schwarmfische stammen ursprünglich aus Thailand und dem nördlichen Teil der Malaiischen Halbinsel, wo sie in verkrauteten Straßengräben zu den häufigsten Fischen gehören. Sie sind in jeder Hinsicht anspruchslos, verlangen aber mehr als manche anderen Bärblinge einen regelmäßigen Teilwasserwechsel. Rotflossenrasboras eignen sich gut zur Vergesellschaftung mit Brachydanio-Arten und mit anderen Bärblingen.

Die Keilfleckbarbe
Rasbora heteromorpha

Aus ruhigen Gewässern Südostasiens stammt dieser hübsche Schwarmfisch. Auf dem gedrungenen rosafarbenen Körper befindet sich ein großes, schwarzes Dreieck, der namengebende Keil. Die Keilfleckbarben sind zwar lebhaft, dennoch außerordentlich friedlich. Sie brauchen auch die Gesellschaft entsprechender Friedfische. Große Barben beispielsweise wären nicht die richtigen

Beifische. Die Nahrungsansprüche der Keilfleckbarben sind relativ gering, das Wasser allerdings sollte weich sein und wenn möglich schwach sauer.

Die Zucht ist nicht einfach und nur etwas für Spezialisten. Das Wasser muß besonders zubereitet werden, es muß sehr weich, sauer und bakterienfrei sein. Die Fische kleben ihren Laich an die Unterseite von breitflächigen Wasserpflanzenblättern.

Hengels Bärbling (*Rasbora hengeli*) ähnelt der Keilfleckbarbe im Aussehen, im Verhalten und in der Zucht, ist aber noch zarter. Zur Vergesellschaftung eignen sich hier nur sehr kleine Mitfische wie beispielsweise Zwergbärblinge.

Keilfleckbarben (*Rasbora heteromorpha*) heften ihren Laich unter ein breites Pflanzenblatt.

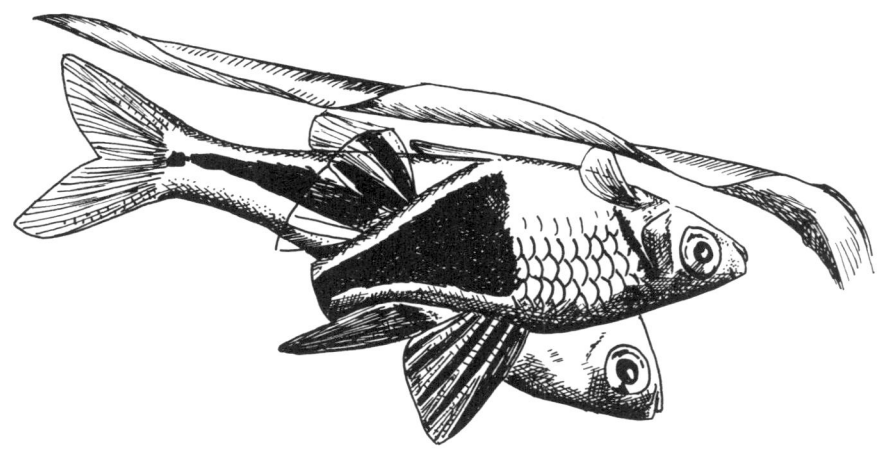

Karpfenfische

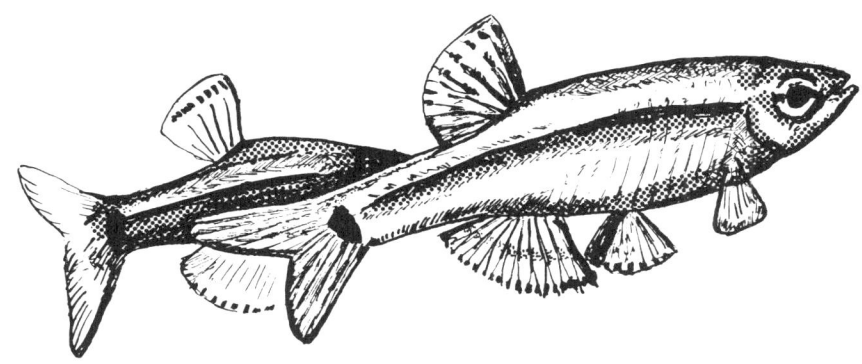

Kardinalfisch-Männchen (*Tanichthys albonubes*) bei ihren harmlosen Imponierkämpfen.

Der Zwergbärbling
Rasbora maculata

Die niedlichen Zwergbärblinge gehören zu den kleinsten Wirbeltieren überhaupt. Sie sind in langsam fließenden Gewässern Südostasiens, in Gräben und Sümpfen beheimatet. Auf dem Körper und am Ansatz der Flossen haben die ansonsten rosarot gefärbten Zwergbärblinge große dunkle Flecken. Die Fischchen erreichen nur eine Länge von maximal 2,5 cm, können also nur mit ebenfalls sehr kleinen und friedlichen Fischen wie beispielsweise *Rasbora hengeli* oder *Rasbora heteromorpha* gehalten werden. Doch auch Spitzschwanzmakropoden (*Pseudosphromenus*-Arten) und die kleinen Honigfadenfische *Colisa chuna* eignen sich zur Gesellschaft.

Der Kardinalfisch
Tanichthys albonubes

Der früher etwas spöttisch als »Arbeiterneon« bezeichnete Schwarmfisch ist unkompliziert wie kaum ein anderer Zierfisch. Das schwimmfreudige Fischchen ist ursprünglich in der Gegend von Hongkong zu Hause gewesen. Es ist absolut friedlich. Allerdings dürfen Kardinalfische nicht bei zu hohen Temperaturen gehalten werden. Auch von dieser Art gibt es eine Schleierform.
Es ist gar nicht so schwer, Kardinalfische zu züchten, da spezielle Wasseraufbereitungen nicht nötig sind. Hierzu überführt man am besten ein Paar oder auch mehrere Tiere in ein Extrabecken von etwa 20 l Inhalt. Die Geschlechter sind unschwer an der stärkeren Fülle der Weibchen und an den kräftigeren Farben der Männchen zu unterscheiden. Das Zuchtbecken braucht keinen Bodengrund, sollte aber mit Büscheln von treibenden Pflanzen (Wasserpest, Tausendblatt) reichlich gefüllt sein. Die

Fische laichen an den Pflanzen ab. Nach dem Ablaichen – sollte man das nicht beobachten, nach etwa drei Tagen – werden die Alttiere herausgefangen. Die Jungen schlüpfen nach etwa 36 Stunden und fressen zunächst die zwischen den Pflanzen lebenden Kleinsttiere, dann aber auch feinstzerriebenes Trokkenfutter. Bald zeigen sie so leuchtende Farben, wie sie selbst die farbigen Alttiere nicht haben.

Welse

Welse erfreuen sich bei den Aquarianern großer Beliebtheit. Es sind zwar weitgehend dämmerungsaktive und farblich wenig auffallende Bodenfische, aber ihre oft possierliche Art und ihr manchmal auch skurriles Wesen sichern ihnen viele Freunde.

Der Metallpanzerwels
Corydoras aeneus

Panzerwelse sind relativ kleinbleibende Bodenfische, die auch tagsüber die flachen Uferzonen der Amazonasflüsse nach Nahrung absuchen. Sie treten dort immer in mehr oder weniger großen Schwärmen auf und wühlen mit ihren Barteln im sandigen Bodengrund nach Würmern und anderen Kleinlebewesen. Bei Aquarianern stehen die tagaktiven, immer im Boden nach Futter schnüffelnden Arten hoch im Kurs. Wichtig ist aber, daß Panzerwelse nicht zu groben und auf keinen Fall scharfkantigen Bodengrund im Aquarium vorfinden. An-

derenfalls scheuern sie sich die Barteln bis auf kleine Stümpfe ab. Auch sollten sie als Schwarmtiere auf jeden Fall in kleinen Trupps mit Artangehörigen gehalten werden.

Leider werden gerade Panzerwelse vielfach als Abfallfresser angesehen. Oft bekommen sie nicht ausreichend Nahrung. Am besten gibt man ihnen nach dem Ausschalten der Aquarienbeleuchtung noch eine Extraportion. Im Dunkeln werden ihnen die anderen Fische nicht allzuviel wegfressen können.

Die metallisch grünen Metallpanzerwelse sind besonders attraktiv, dabei genügsam, ausdauernd und ausgesprochen gut mit anderen Fischarten zu vergesellschaften. Auch die ebenso zu haltenden Marmorierten Panzerwelse (*Corydoras paleatus*) sind solche genügsamen Bodentiere, die äußerst empfehlenswert sind. Man beachte aber: Unter den anderen Panzerwelsarten gibt es auch ausgesprochen schwierige Arten!

Der Antennenwels
Ancistrus spec.

Die verschiedenen *Ancistrus*-Arten sind in den schnellfließenden, klaren Bächen des Amazonasgebietes zu Hause. Daher lieben sie auch im Aquarium klares strömendes Wasser, also einen ständig laufenden Filter. Sie brauchen Holz, zum Beispiel eine Kienholzwurzel, an der sie raspeln können. Gern fressen sie Futtertabletten und sind ständig auf der Suche nach Algen. Man kann sich kaum friedlichere Fische vorstellen.

Die älteren Männchen haben antennen-

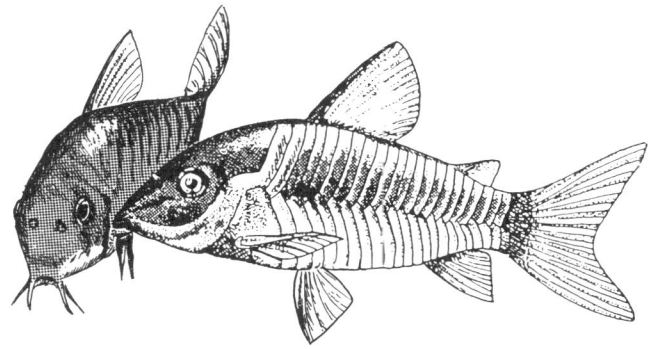

Zur Paarung klemmt das kleinere Metall-panzerwels-Männchen (*Corydoras aeneus*) die Barteln eines Weibchens mit einer seiner Brustflossen ein.

oder geweihartige Auswüchse am Kopf. Man sollte ihnen Höhlen bieten, am günstigsten sind etwa bleistiftlange Tonröhren von 4 cm Durchmesser. Manchmal laichen die *Ancistrus* in diesen Röhren selbst im Gesellschaftsaquarium ab. Voraussetzung ist wieder eine ausreichende Ernährung (vgl. Panzerwelse!).

Der Punktierte Schilderwels
Hypostomus punctatus

Die harmlosen Einzelgänger aus Südamerika sind als Algenvertilger beliebt. Sie können allerdings ziemlich groß werden, so daß man ihnen mindestens Aquarien ab 1,20 m Länge zur Verfügung stellen sollte. Anderen Fischen gegenüber sind sie absolut harmlos. Gern weiden sie mit ihrem Saugmaul veral-

gende Steine oder Kienholzwurzeln ab. So richtig aktiv werden sie allerdings erst in der Dämmerung. Am besten gibt man ihnen abends Futtertabletten in das Becken, damit sie bei der Fütterung nicht zu kurz kommen. Gern fressen sie auch gebrühten Salat.

Der Rückenschwimmende Kongowels
Synodontis nigriventris

Die tarnfarbenen Kongowelse aus Zaire haben die faszinierende Eigenschaft, daß sie gern mit dem Bauch nach oben gewandt unter Wurzeln und anderen Gegenständen hängen. Ihre Barteln haben seitliche Auswüchse, die Fiedern. Zusammen mit anderen Arten gehören die Kongowelse zu den Fiederbartwelsen. Wie andere Welse weiden auch die Fiederbartwelse gern an Substraten. Dabei suchen sie allerdings weniger Algen als kleine Tiere, die sie fressen können. Im Aquarium nehmen sie aber gern auch mit Futtertabletten vorlieb. Im Gesellschaftsaquarium benehmen sie sich sowohl gegen Artgenossen als auch gegen andere Fische ausgesprochen friedlich.

Der Haiwels
Pangasius sutchi

Es gibt kein besseres (und traurigeres) Beispiel dafür, daß beliebte und viel verkaufte Fische keineswegs immer als Aquarienfische geeignet sind, als gerade die Haiwelse. Ist es der Name, ist es das Aussehen, daß diese Fische immer wieder gekauft werden?
Diese Speisefische aus den Reisfeldern Südostasiens erreichen Längen von 30 cm und mehr. Es sind keine Aquarienfische! Sie sind schnellwüchsig, schreckhaft und bevorzugen im Alter als Nahrung Wasserpflanzen.

Zahnkarpfen

Sicher gibt es nur wenige Fischgruppen, die so farbige Fische wie die Zahnkarpfen aufweisen. Gleichzeitig gibt es unter ihnen aber auch besonders genügsame Arten, die zudem den Vorteil haben, sich leicht zu vermehren.
Zu den Zahnkarpfen werden die beiden Familien Poeciliidae (Lebendgebärende Zahnkarpfen) und die gelegentlich auch als Killifische bezeichneten Cyprinodontidae (Eierlegende Zahnkarpfen) gezählt. Zu den »Killis« gehören eine Reihe besonders farbenprächtiger Arten, die sich gut für die Vergesellschaftung eignen. Sie sind jedoch mehr als andere Fische Lebendfutterfresser, das heißt,

sie brauchen die Bewegung der Beutetiere als Anreiz zum Zuschnappen. Nach einiger Zeit lernen es aber viele Arten, daß auch Flockenfutter schmeckt.
Die annuellen Arten unter den Eierlegenden Zahnkarpfen kommen in ihrer Heimat in Tümpeln vor, die während der Trockenzeit völlig austrocknen. Nur im feuchtgebliebenen Schlamm des Bodens überdauern die Eier der Killis, oft monatelang. Mit dem Einsetzen der Regenzeit schlüpfen die Jungen aus den Eiern. Sie wachsen unglaublich schnell heran, denn in nur wenigen Monaten muß sich jetzt der gesamte Lebenszyklus abspielen. Mit dem Austrocknen der Tümpel sterben die Alttiere. Auch unter Aquarienverhältnissen werden diese Arten nicht sehr alt.
Die nichtannuellen Arten legen ihren Laich nicht im Bodengrund, sondern in der Regel an Pflanzen ab. Sie sind also Haftlaicher.
Weit anspruchsloser sind die Lebendgebärenden Zahnkarpfen. Sie leben in lockeren Schwärmen in Mittelamerika und im Norden Südamerikas. Die Männchen sind meist kleiner als ihre Weibchen und an ihrer zu einem Begattungsorgan umgebauten Afterflosse

Oben: Prachtschmerle (*Botia macracantha*)
Unten: Rückenschwimmender Kongowels (*Synodontis nigriventris*)

Seite 36:
Oben: Prachtbarbe (*Barbus conchonius*) (langflossige Form)
Unten: Hengels Keilfleckbarbe (*Rasbora hengeli*)

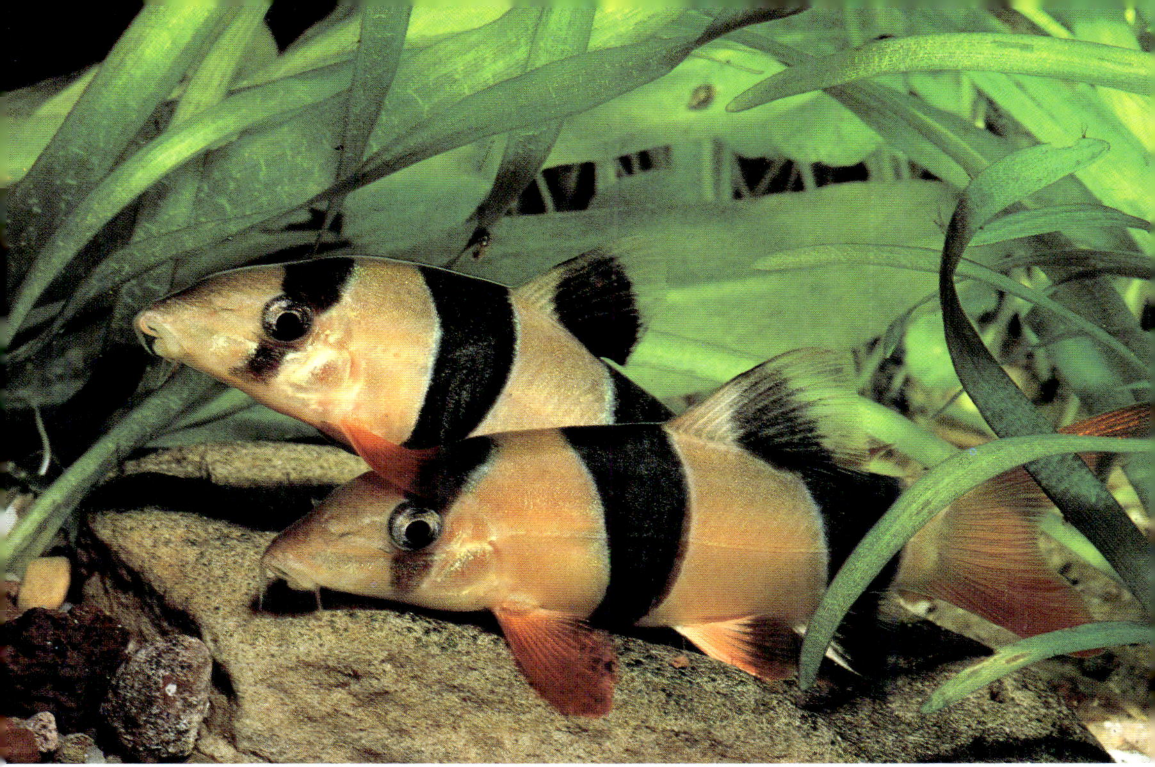

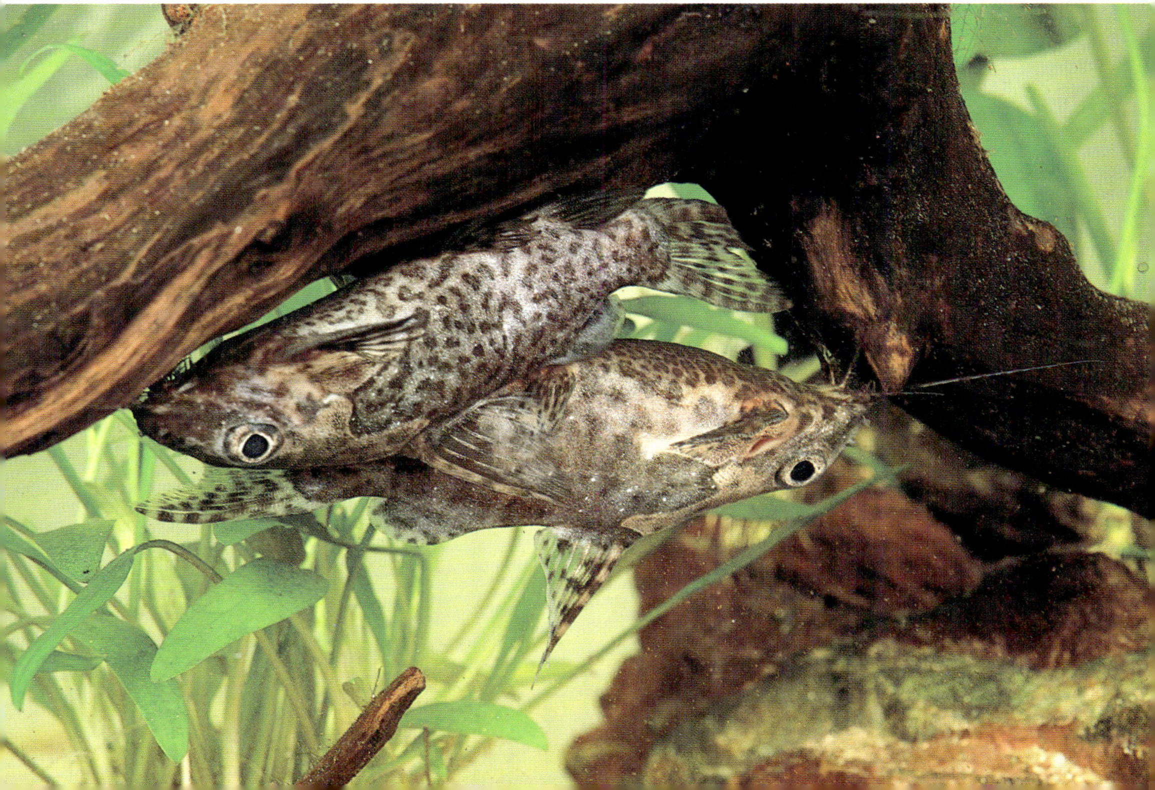

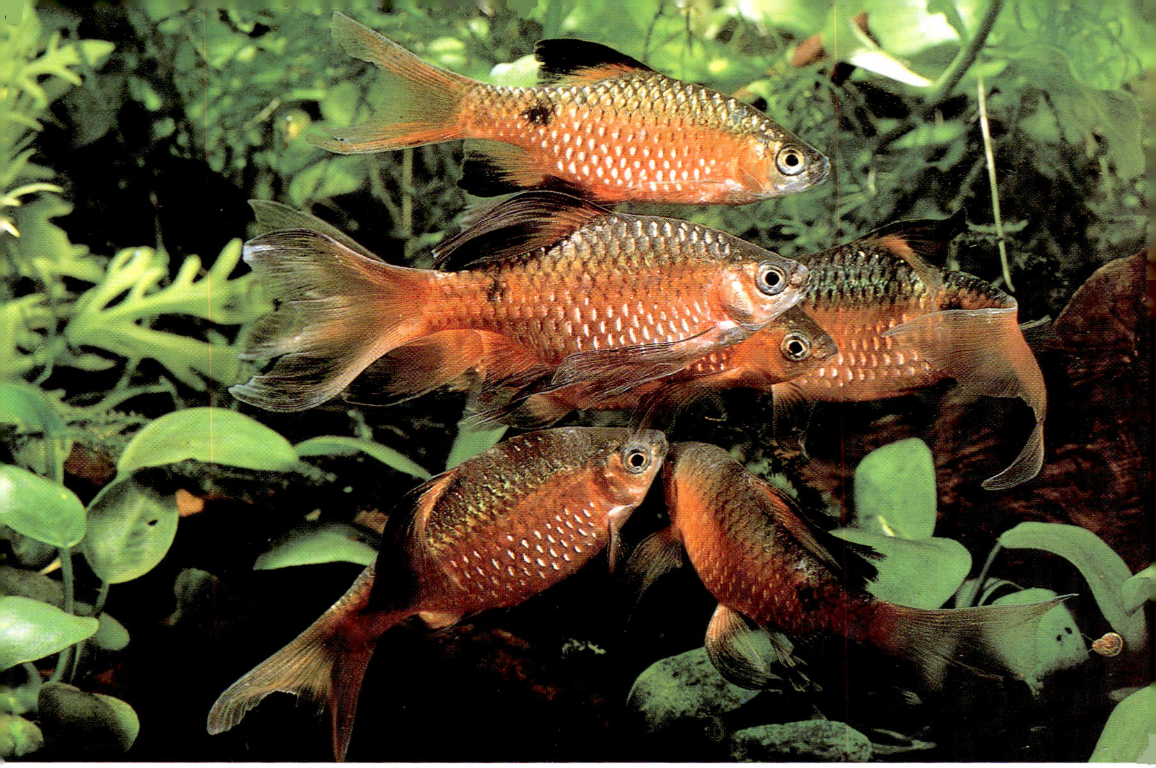

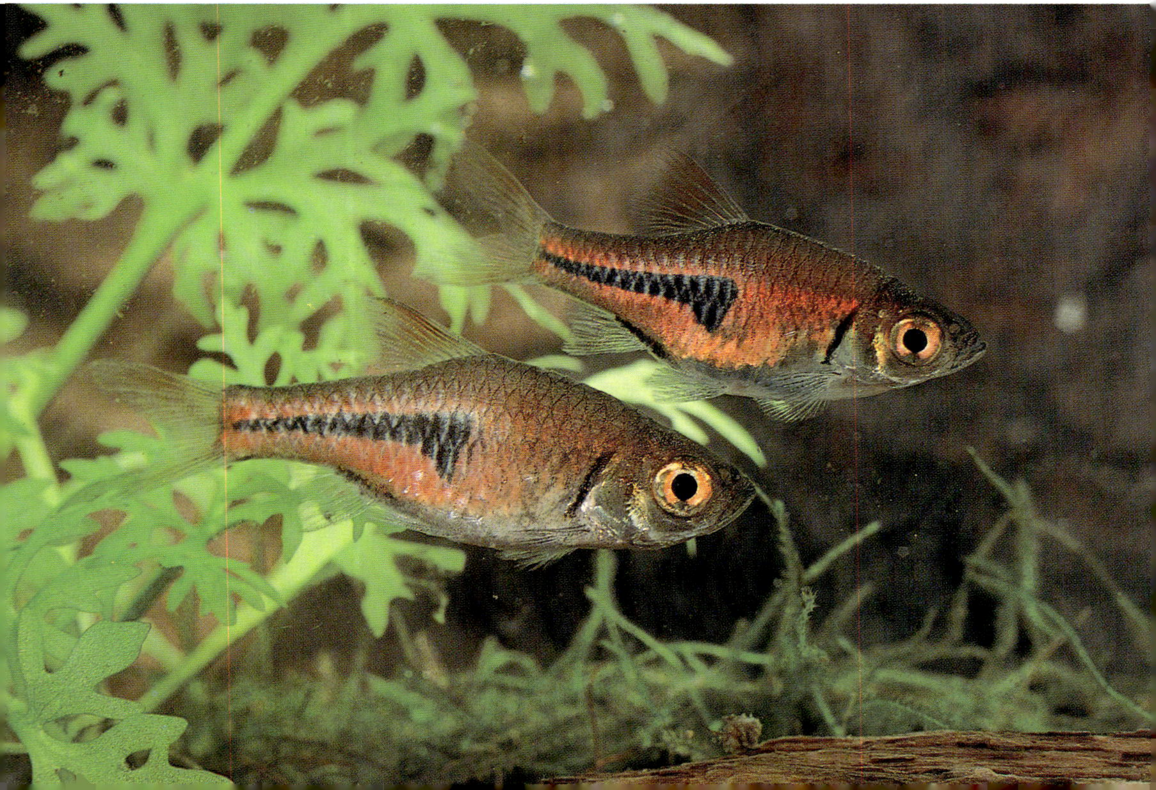

unschwer zu erkennen. Bei diesen Fischen muß also innere Befruchtung stattfinden. Allerdings genügt oft eine einzige Begattung für lange Zeit, denn die Weibchen können die Spermien in ihrem Körper speichern und dann bei Bedarf zur Befruchtung der heranreifenden Eier verwenden. Die Jungfische kommen vollausgebildet zur Welt und begeben sich sofort selbständig auf die Nahrungssuche. Allerdings stellen die Eltern, wie natürlich auch die anderen Bewohner eines Gesellschaftsbeckens, den Kleinen oft nach, so daß es in den meisten Fällen ratsam ist, die Jungfische herauszufangen. Bei dichtem Pflanzenwuchs und besonders, wenn eine dicke Schwimmpflanzendecke vorhanden ist, kommen aber häufig selbst im Gesellschaftsaquarium einige kleine Guppys oder Schwertträger hoch.

Der Platy
Xiphophorus maculatus

Die aus Mexiko stammende Art gibt es in einer Vielzahl farbiger Varianten. Einige Zuchtformen sind knallrot (Korallenplatys), andere rot mit schwarzen

Oben links: Regenbogenlalia (*Colisa lalia*)
Oben rechts: Makropode (*Macropodus opercularis*)
Unten: Mosaikfadenfisch (*Trichogaster leeri*)

Seite 37:
Neonsalmler (*Paracheirodon innesi*), dazwischen ein Glassalmler (*Prionobrama filigera*)

Flossen (roter Wagtail), andere blauglänzend oder goldfarben. Alle sind gleichermaßen anspruchslos und empfehlenswert, denn sie sind absolut harmlos gegen ihresgleichen und gegen andere Fische.

Platys gehören zu den Lebendgebärenden Zahnkarpfen. Schon mit drei bis vier Monaten kann ein Platy-Weibchen den ersten Wurf Junge zur Welt bringen.

Der Papageienplaty
Xiphophorus variatus

Papageienplatys stammen ursprünglich aus schnellströmenden Gewässern in Mexiko. Sie sind etwas schlanker als *Xiphophorus maculatus*. Ihr Körper ist oft unregelmäßig schwarz gefleckt und stahlblau glänzend. Die Rücken- und die Schwanzflossen sind oft kräftig gefärbt. Bereits die Wildform ist ausgesprochen bunt, es gibt aber auch verschiedene Zuchtformen.

Die lebhaften und sehr friedlichen Fische sind ziemlich unempfindlich, doch sollte man sie nicht zu warm halten! Sie verzehren gerne Algen. Der Pfleger sollte darauf achten, daß das Flockenfutter auch ausreichend pflanzliche Anteile enthält.

Der Schwertträger
Xiphophorus helleri

Die Schwertträger-Männchen gehören zu den eindrucksvollsten Fischen im Gesellschaftsaquarium. Sie haben am unteren Teil der Schwanzflosse eine schwertartige, dunkel eingefaßte Verlängerung, die bis zu einem Drittel der Körperlänge heranwachsen kann. Sie sind ausgesprochen lebhaft und beweisen bei der Balz, wie vorzüglich sie auch rückwärts schwimmen können. Auch diese Lebendgebärenden stammen aus Mittelamerika. Sie sind sehr genügsam und gleichzeitig recht friedlich, wenngleich man in einem 100-Liter-Aquarium besser nicht mehr als ein Schwertträger-Männchen aufnehmen sollte. Es gibt grüne, rote und grünrote sowie gefleckte Zuchtrassen. Interessant sind auch einige Schwertträger-Wildformen, doch sind diese teilweise wesentlich anspruchsvoller als die Zuchtformen.

Der Guppy
Poecilia reticulata

Die ursprünglich im Norden Südamerikas beheimateten Guppys gehören zu den beliebtesten Anfängerfischen.

Gleichzeitig beschäftigen sich aber auch spezialisierte Aquarianer sehr intensiv mit der Guppy-Hochzucht, das heißt mit dem Heranzüchten von besonders schönen Zuchtrassen.
Daher kann man heute beim Händler nur noch selten die Wildformen bekommen. Statt dessen gibt es oft phantastisch farbig gemusterte, schleierflossige Männchen. Auch die Weibchen einiger Zuchtrassen haben bereits bunte Flossen. Ursprünglich sind die größeren Weibchen einfarbig ocker und haben einen dunklen Fleck vor dem Ansatz der Afterflosse, den Trächtigkeitsfleck.
Guppys sind ideale Fische für jedes Gesellschaftsaquarium, immer in Bewegung, völlig harmlos und genügsamer als fast alle anderen Fische. Guppys

Grüne Schwertträger (*Xiphophorus helleri*), vorne das kleinere Männchen.

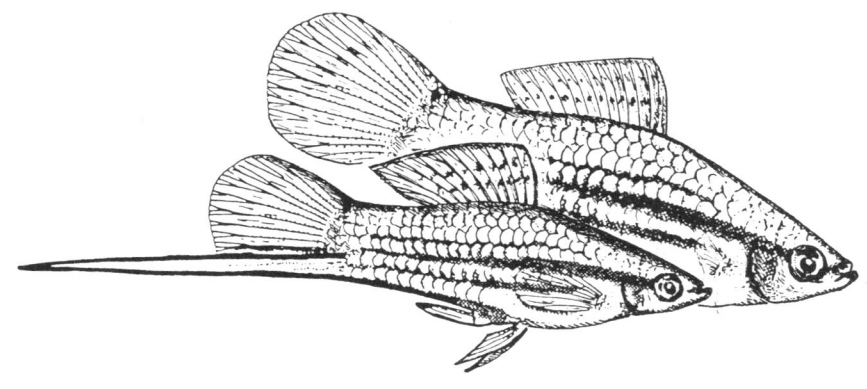

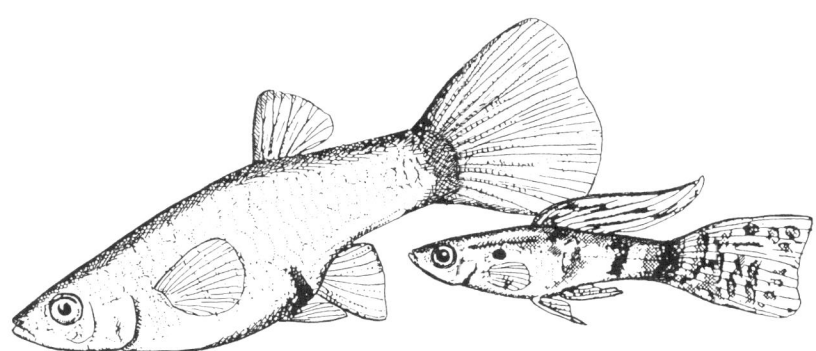

Ein Guppy-Paar (*Poecilia reticulata*)

sind lebendgebärend. Daher wird man als achtsamer Aquarianer immer mal wieder die Gelegenheit haben, Jungguppys aus dem Aquarium herauszufischen und sie so erst einmal in Sicherheit zu bringen.

Der Molly
Poecilia sphenops

Dieser mittelamerikanische Lebendgebärende ist fast ausschließlich in seiner tiefschwarzen Zuchtform als Black Molly im Zoofachhandel zu bekommen. Die vermehrungsfreudigen Tiere sind absolut einfach in der Haltung wie auch in der Zucht. Allerdings brauchen sie hohe Wassertemperaturen und möglichst hartes Wasser. Andernfalls kränkeln sie. Als eifrige Algenvertilger fressen sie gern auch Flockenfutter mit pflanzlichen Zusätzen.

Der Segelkärpfling
Poecilia velifera

Die Männchen dieser aus Mexiko stammenden Lebendgebärenden haben eine imposant hohe Rückenflosse und ein großartiges Imponiergehabe. Die friedlichen Fische sind nur für Aquarien mit wirklich hartem Wasser geeignet. In weichem, also salzarmem Wasser kümmern sie bald. Dann muß das Wasser mit Seesalz (30 g auf 10 Liter Wasser) aufgehärtet werden. Das vertragen allerdings die wenigsten anderen Fische und Pflanzen. Segelkärpflinge sind gegen Wasserwechsel recht empfindlich und brauchen pflanzenkostreiches Futter. Neben der ockergrünen Wildform gibt es auch rote und schwarze Zuchtrassen.

Der Bunte Prachtkärpfling
Aphyosemion australe

Im Kongogebiet und in Gabun sind diese schön gefärbten Prachtkärpflinge zu

Hause. Sie sind sehr genügsam, sollten gelegentlich aber Lebendfutter bekommen. Bunte Prachtkärpflinge nehmen aber auch aufgetautes Frostfutter und sind an Flockenfutter zu gewöhnen.

Die Zucht dieser Killis gelingt auch Anfängern. Man benötigt hierzu ein etwa 10 Liter fassendes Zuchtbecken mit feinen Wasserpflanzen, z. B. Javamoos. Vor dem Einsetzen werden die Zuchttiere bei abwechslungsreicher Fütterung mit Lebendfutter einige Zeit nach Geschlechtern getrennt gehalten. Dann werden am besten gleich mehrere Paare eingesetzt, denn die Männchen erweisen sich gelegentlich als steril. Eng aneinandergeschmiegt laichen die Paare in den Pflanzen ab. Der Züchter kann die robusten Eier täglich mit der Hand ablesen und sie in Aufzuchtschalen überführen. Nach 10 bis 14 Tagen schlüpft die Brut. Die Kleinen können sofort mit frischgeschlüpften Salzkrebslarven (*Artemia*-Nauplien; Salzkrebseier und Zuchtanleitung beim Zoofachhändler!) aufgezogen werden. Gelegentlich erscheint im Handel eine gelbfarbene Aquarien-Variante.

Der Gebänderte Prachtkärpfling
Aphyosemion bivittatum

Ein herrlich gefärbter Westafrikaner, der zu den Eierlegenden Zahnkarpfen gehört. Der schwimmfreudige, aber dennoch friedfertige Fisch ist eine Zierde für jedes Gesellschaftsbecken, vor allem bei dunklem Bodengrund und nicht zu greller Beleuchtung wirken die Tiere phantastisch. Allerdings lernen viele Tiere es nicht, daß man auch Trockenfutter fressen kann. Man sollte dann auf-

Männliche Segelkärpflinge (*Poecilia velifera*) spreizen bei der Balz ihre riesige Rückenflosse.

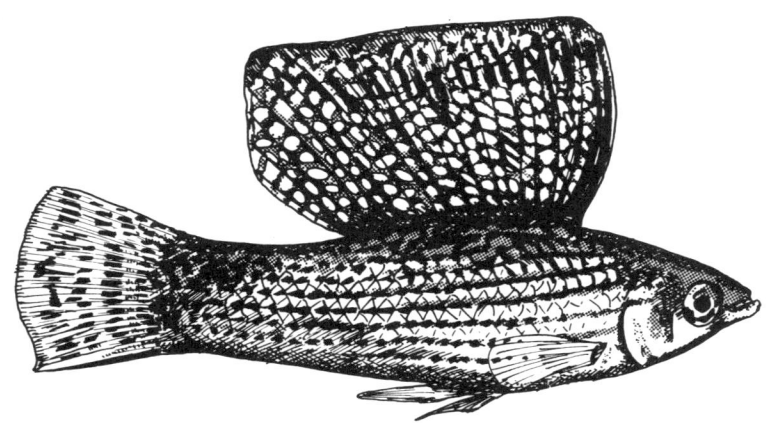

Buntbarsche

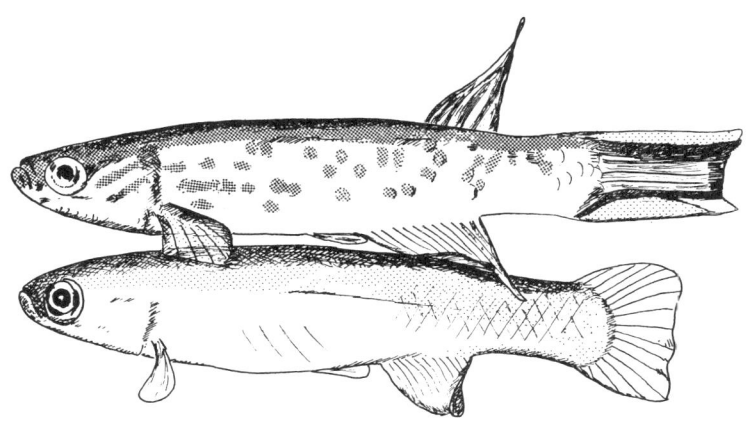

Balzendes Kap-Lopez-Paar (*Aphyosemion australe*).

getautes Tiefkühlfutter anbieten, aber für den Erfolg kann nicht garantiert werden. Wer also keine Gelegenheit hat, seinen Fischen auch regelmäßig Lebendfutter zu geben, sollte auf die Pflege von Prachtkärpflingen – das gilt auch für die anderen Killis – besser verzichten. Am wenigsten Futterprobleme bereitet der oft auch als »Kap Lopez« bezeichnete Bunte Prachtkärpfling (*Aphyosemion australe*).

Buntbarsche

Buntbarsche oder Cichliden bilden eine mit über 600 Mitgliedern sehr artenreiche Fischfamilie, die vorwiegend in Mittel- und Südamerika sowie in Afrika beheimatet ist. Nur vergleichsweise wenige Buntbarscharten leben in Südasien und im äußersten Süden des nordamerikanischen Kontinents.

Weniger ihre Farbigkeit, sondern eher die Vielfalt ihrer Verhaltensweisen machen Buntbarsche begehrenswert. Viele Aquarianer haben sich ganz auf diese Fischfamilie spezialisiert. Der begrenzte Raum dieses Büchleins ermöglicht es auch nicht annähernd, alle empfehlenswerten Cichliden aufzuzählen. Sehr viele von ihnen sind aber wegen ihrer Größe oder ihres manchmal recht eigenwilligen Charakters keine Fische, die sich für ein Gesellschaftsaquarium eignen. Auch wenn sie für spezialisierte Aquarianer liebenswerte Fische sind, sind Großcichliden keine »Zierfische« im eigentlichen Sinne.

Ich beschränke mich hier also auf die für Vergesellschaftung im üblichen, gut bepflanzten Gesellschaftsaquarium geeigneten Arten. Es handelt sich bei allen Buntbarschen um Revierfische, die bei der Verteidigung des Reviers und ihrer Brut andere Fische angreifen. Einige legen gern im Bodengrund Gruben für die zu erwartende Brut an und gestalten das Aquarium dabei auf ihre Weise um. Gelegentlich werden dann auch Pflanzen ausgewühlt. Gerade die kleinbleibenden Arten können aber sowohl bei ihrer Wühltätigkeit als auch im Hinblick auf andere Fische nur wenig Schaden anrichten. Aber auch unter den mittelgroßen Buntbarschen gibt es einige ausgesprochen friedfertige Arten.

Bei den Buntbarschen unterscheidet man Offenbrüter von Versteckbrütern. Offenbrüter kleben ihre tarnfarbenen, meist nur kleinen, aber sehr zahlreichen Eier auf die Oberfläche von Steinen oder Blättern, während Versteckbrüter ihre verhältnismäßig großen und oft auffallend gelb oder rot gefärbten Eier an unzugänglichen Orten verstecken. Das sind in aller Regel Unterstände unter Kienholzwurzeln oder Höhlen. Aber auch die Maulbrüter, die ihre Brut im Maul schützend aufbewahren, werden zu den Versteckbrütern gezählt. Einige Maulbrüter, die ovophilen (= »eierliebenden«) Arten, nehmen den Laich gleich nach der Ablage ins Maul. Bei den allermeisten Arten sind es die Mütter, aber hier gibt es auch Ausnahmen. Andere Maulbrüter, die larvophilen (= »larvenliebenden«) Arten, legen dagegen ihre Eier erst wie Offenbrüter auf einem Substrat ab, und nehmen die Brut erst kurz vor dem Schlüpfen in ihr Maul. Eine südamerikanische Art (*Aequidens syspilus*) legt sein Gelege auf einem losen, ins Wasser gefallenen Pflanzenblatt ab, das die Mutter dann bei Gefahr (z.B. Sinken des Wasserspiegels) mitnehmen kann. Die Beobachtungsmöglichkeiten an Cichliden, gerade bei der Pflege der Brut, sind außerordentlich vielseitig. Das ist sicher ein Grund dafür, daß nicht nur die Aquarianer, sondern auch die Verhaltensforscher gerne Buntbarsche beobachten. Harmlose und pflanzenfreundliche Buntbarsche sollten eigentlich in keinem Gesellschaftsaquarium fehlen.

Der Tüpfelbuntbarsch
Aequidens curviceps

Die südamerikanischen Tüpfelbuntbarsche sind ausgesprochen sanftmütige Tiere, die in ihrer ruhigen Art und mit ihren schönen, aber unaufdringlichen Farben gute Beifische für ein Becken mit südamerikanischen Salmlern abgeben. Sie halten sich vorwiegend in Bodennähe auf, wo sie in nicht zu stark besetzten Gesellschaftsaquarien auch ablaichen können. Hierzu suchen sie einen flachen, glatten Stein, den beide Eltern zunächst putzen. Danach gleitet das Weibchen mit seiner Legepapille über den Stein und heftet die Eier auf das Substrat. Entsprechend über den Stein gleitend, besamt dann das Männchen das Gelege. Das wiederholt sich mehrere Male, bis die etwa 250, gelegentlich sogar bis zu 900 Eier abgelegt sind.

Beide Eltern bewachen nun den Laichstein und fächeln dem Gelege mit ihren Brustflossen frisches Wasser zu. Zwischendurch werden im Sand kleine Gruben gegraben, die nach dem Schlüpfen der zunächst noch schwimmunfähigen Larven die Kinderwiege darstellen sollen. Es ist für jeden Aquarianer ein Erlebnis, wenn die Buntbarscheltern mit ihren winzigen Fischkindern ihren ersten Ausflug machen. Die Jungen brauchen jetzt sofort frischgeschlüpfte Artemien als Erstnahrung. Im Gesellschaftsaquarium ist die Chance allerdings sehr gering, daß einige der Jungen den Nachstellungen der Beckenmitbewohner entkommen.

Tüpfelbuntbarsche verlangen sauberes Wasser, das auch nicht zu hart sein darf. Ein regelmäßiger Wasserwechsel ist für das Wohlbefinden dieser Fische sehr wichtig.

Der Glänzende Zwergbuntbarsch
Nannacara anomala

Der empfehlenswerte, schöne Zwergbuntbarsch stammt aus den Tropenflüssen Venezuelas und Guayanas. Glänzende Zwergbuntbarsche eignen sich gut als Beifische für gut bepflanzte Südamerikabecken mit Salmlern, wenn man nicht sehr zarte Mitbewohner ausgewählt hat. Erwachsene *anomala* können immerhin bis zu 9 cm groß werden! Die Weibchen bleiben regelmäßig kleiner.

Auch in Gesellschaftsaquarien kann man gelegentlich beobachten, daß die Fische auf einem durch Pflanzenblätter oder eine Wurzel nach oben etwas abgeschatteten Stein ablaichen. Die Brutpflege übernimmt das Weibchen, das jetzt eine schachbrettartige Färbung annimmt. Das Männchen muß sich nun wie alle anderen Fische auch vor der Mutter in acht nehmen, denn sie verteidigt ihren Laich und die daraus schlüp-

fenden Jungen mit großem Einsatz. Das kann in zu kleinen Aquarien gelegentlich problematisch werden. Abgesehen davon hat man im Glänzenden Zwergbuntbarsch einen sehr anspruchslosen und durchaus friedlichen Aquarienfisch.

Der Kakadu-Zwergbuntbarsch
Apistogramma cacatuoides

Aus den Bächen und Seen Südamerikas stammt dieser Zwergbuntbarsch. Die Tiere bestechen weniger durch Farbigkeit, sondern mehr durch die auffallende Ausprägung der Flossen bei den Männchen. Die einzelnen Membranen in der Rückenflosse sind zipfelartig ausgezogen und an der Spitze oft orange gefärbt. Man wird an eine Indianerhaube erinnert. Auch die Schwanzflosse der Männchen ist in zwei Zipfel verlängert. Nach ihrer Körpergrundfärbung unterscheidet man blaue, graue und mehr gelbliche Varianten.

Gerade die Kakadu-Zwergbuntbarsche gehören zu den besonders genügsamen *Apistogramma*-Arten. Auch in mittelhartem Wasser und bei ausschließlichem Trockenfutterangebot sind sie ausgezeichnet zu halten. Das ist für *Apistogramma*–Arten nicht selbstverständlich.

Die Männchen sind ausgesprochen polygam, daher sollte man einem Männchen möglichst zwei oder drei Weibchen beigesellen. Untereinander vertragen sich Männchen nicht. Gegen ihre Weibchen und gegen die anderen Mitfische sind sie dagegen sehr friedlich. Jedes

Buntbarsche

Weibchen braucht eine Höhle. Hierzu kann man ihnen halb in den Bodengrund vergrabene, liegende Tontöpfe, zum Beispiel Blumentöpfe, anbieten. Aus Steinen aufgebaute Höhlen sehen natürlicher aus, aber es besteht die Gefahr, daß sie zusammenfallen, wenn die Fische wie üblich den Sand aus der Höhle ausbaggern.

Die etwa 200 Eier werden unter die Dekke des Höhlendaches geklebt und hier allein vom jetzt kanariengelb gefärbten Weibchen befächelt und durch Ablutschen gereinigt. Nach etwa 48 Stunden schlüpfen die Larven, die zunächst von der Mutter in einer selbstgegrabenen Grube zusammengetragen werden. Nach 5 bis 7 Tagen schwimmen die Kleinen frei und müssen nun mit Artemia-Nauplien gefüttert werden. Weitere sehr anspruchslose Angehörige der Gattung Apistogramma sind der Gelbe Zwergbuntbarsch Apistogramma borellii und Apistogramma resticulosa.

Gelber Zwergbuntbarsch (Apistogramma borellii). Eine Mutter mit gerade freischwimmender Brut.

Agassiz-Zwergbuntbarsch
Apistogramma agassizii

Die Männchen dieser langgestreckten Zwergbuntbarsche aus dem Amazonasgebiet sind durch ihre spatenförmige, bunt gefärbte Schwanzflosse ausgezeichnet. Herkunftsbedingt kann man verschiedene Farbvarianten unterscheiden, die Blauweiße Form, die Gelbe Form, die Rote Form und einige andere. Die Bezeichnungen beziehen sich auf die Ausfärbung der Schwanzflossen erwachsener Männchen.

Die Weibchen bleiben weit kleiner als die Männchen, die immerhin Gesamtlängen von bis zu 10 cm erreichen können. Dennoch sind es ausgezeichnete Mitfische in einem Südamerikabecken mit

verschiedenen Salmlerarten. Allerdings haben die Agassiz-Zwergbuntbarsche einige Ansprüche! Sie brauchen ziemlich weiches und leicht saures Wasser, gut bepflanzte Becken mit Steinhöhlen oder höhlenartigen Unterständen unter Kienholzwurzeln. Auch brauchen sie Lebendfutter oder zumindest Frostfutter. Dann allerdings kann man sehr viel Freude an diesen friedlichen Fischen haben.
Auf keinen Fall sollte man mehr als ein *agassizii*-Männchen in das Aquarium setzen. Wir vergesellschaften es wenn möglich mit zwei oder drei Weibchen.

Männlicher Schmetterlingsbuntbarsch (*Microgeophagus ramirezi*) über seinem Laichstein.

Der Schmetterlingsbuntbarsch
Microgeophagus ramirezi

Dieser bunte kleine Cichlide mit seiner oft flatterigen Schwimmweise macht seinem Namen alle Ehre. Er stammt aus sehr warmen, nur sehr langsam fließenden Gewässern in den Grasländern von Venezuela und Kolumbien.
Nur wenige Kleincichliden sind gleichzeitig so schön und lebhaft, so harmlos und pflanzenfreundlich wie der »Ramirezi«. Seine Ansprüche an den Pfleger sind nicht groß, aber er braucht weiches oder zumindest mittelhartes Wasser, dessen Temperatur nicht unter 25 °C sinken sollte, und regelmäßigen Teilwasserwechsel. Leider ist schon nach etwa 2 Jahren die Lebensuhr dieser kleinen Juwelen abgelaufen.

Buntbarsche

In einem gut bepflanzten 100-Liter-Aquarium kann man ungeachtet des Geschlechts der Zwergcichliden gut 4 oder 5 Tiere einsetzen. Am besten stellt man die Tiere aber paarweise zusammen. Die Geschlechter sind allerdings nicht immer ganz leicht zu unterscheiden. Ältere Männchen haben meist stark verlängerte Rückenflossenhäute und längere Bauchflossen. Ein sichereres Geschlechtsmerkmal ist jedoch die auffallend rote Färbung, die laichreife Weibchen in der Bauchgegend aufweisen.

Schmetterlingsbuntbarsche sind Offenbrüter mit Elternfamilie und ähneln insofern im Brutpflegeverhalten den Tüpfelbuntbarschen. Manchmal laichen sie aber auch direkt auf dem Sand oder auf einem Pflanzenblatt ab. Für ernsthafte Zuchtversuche braucht man aber ein Extrabecken. Um die Tiere zu stimulieren, sollte man sie mit Lebendfutter (Mückenlarven) anfüttern und die Temperatur auf etwa 30°C erhöhen.

Der Königscichlide
Pelvicachromis pulcher

Der Königscichlide oder Purpur-Prachtbarsch stammt aus küstennahen Gewässern Westafrikas. Er ist mit jedem Futter und auch mit relativ hartem Wasser zufrieden. Die meist kleineren Weibchen haben weniger zugespitzte Rücken- und Schwanzflossen und sind gedrungener gebaut. Zur Laichzeit erkennt man sie vor allem an ihrem oft unförmig angeschwollenen, roten Bauch. Am besten hält man Königscichliden paarweise. Sie sind im Gesellschaftsaquarium recht verträglich gegen die Mitfische. Erst wenn die Alttiere ihren Nachwuchs verteidigen, werden sie angriffslustig, aber in ausreichend geräumigen Aquarien besteht auch dann keine Gefahr für die anderen Fische.

Als Höhlenbrüter müssen wir den Königscichliden eine Bruthöhle anbieten. Gut eignet sich dafür eine halbierte Kokosnußschale, die wir mit der aufgeschlagenen Seite auf den Boden legen und in die wir ein Schlupfloch hineingebohrt haben. Auch im Gesellschaftsaquarium haben wir häufiger Gelegenheit, die Mutter mit Jungfischen zu beobachten. Der Vater muß sich anfangs versteckt halten. In sehr kleinen Aquarien kann er sogar von der Mutter zu Tode gejagt werden. Wenn die Kleinen etwas herangewachsen sind, darf sich aber oft auch der Vater an der Brutpflege beteiligen. Man darf sich jedoch nur in sehr dicht bepflanzten und ruhigen Gesellschaftsaquarien Aufzuchterfolge erhoffen.

Seltener begegnet man beim Zoofachhändler auch dem Gestreiften Prachtbarsch (*Pelvicachromis taeniatus*) und dem Goldenen Prachtbarsch (*Pelvicachromis roloffi*). Sie stellen an den Pfleger etwas höhere Anforderungen als die Königscichliden.

Der Gelbe Schlankcichlide
Julidochromis ornatus

Der torpedoförmig gebaute Buntbarsch stammt aus den Felsgebieten des Tanganjikasees. Auch im Aquarium sollten wir ihm in einer Ecke ein kleines Felsgebirge aus aufeinandergeschichteten Schieferplatten aufbauen. Dabei ist auch für ausreichend Höhlen zu sorgen. Dann werden sich die schönen gelbschwarzen Schlankcichliden bei uns im Aquarium wohl fühlen. Sie stellen keine großen Ansprüche an das Wasser oder an das Futter und bevorzugen eher hartes als zu weiches Wasser.

Am besten wäre es, wenn wir uns ein Paar beschaffen könnten. Leider ist das Glückssache, denn die Geschlechter sind nur schwer zu unterscheiden. Die Weibchen sind meist etwas größer und sind zeitweilig an ihrem Laichansatz zu erkennen. Nicht zusammenpassende Schlankcichliden können sich hoffnungslos zerstreiten. Dann muß man sie trennen. Gegen andere Mitfische sind sie dagegen, sofern es nicht gerade andere *Julidochromis* sind, meistens friedfertig.

Die Gelben Schlankcichliden sind Höhlenbrüter. Im Unterschied zu vielen anderen Buntbarschen werden die Jungen aber nicht von den Eltern geführt. Die Kleinen schwimmen einzeln zwischen den Gesteinslücken unseres Kunstgebirges herum und suchen dort nach Nahrung. Man sollte ihnen anfangs mit einem dünnen Schlauch kleinere Portionen frischgeschlüpfter Artemien zublasen. Bald fressen sie auch fein zerriebenes Flockenfutter. In richtig eingerichteten Gesellschaftsaquarien werden auf diese Weise häufiger Jungfische groß. Die nächsten Verwandten sind *Julidochromis dickfeldi* und *Julidochromis transcriptus*. Sie sind in der Haltung und Pflege ganz entsprechend.

Der Schneckenbuntbarsch
Neolamprologus brevis

Es gibt kaum possierlichere Cichliden für ein Gesellschaftsaquarium als die im Tanganjikasee beheimateten Schneckenbuntbarsche. Sie sehen zwar nicht bunt aus, fallen aber durch ihr Verhalten jedem Betrachter auf. Sie haben nämlich eine regelrechte Wohnung, in die sie sich bei Gefahr blitzartig zurückziehen: ein Schneckenhaus. Ohne das Schneckenhaus wären die Fischchen völlig verunsichert. Um sicherzugehen, daß jeder Schneckenbarsch sein Haus bekommt, legen wir mehr Schneckenschalen ins Aquarium, als der Anzahl der Schneckenbuntbarsche entsprechen würde. Am besten eignen sich die leeren Häuser der Weinbergschnecken, die man vielerorts massenweise finden kann, notfalls auch leere Schalen von Apfelschnecken. Die Schneckenhäuser kommen auf eine sandige, vegetationsfreie Fläche im Vordergrund unseres Beckens. Man kann dann unbesorgt mehrere Schneckenbarsche zusammen halten. Die kleinen Fische bilden auch für die anderen Mitbewohner keine Gefahr.

Es gibt verschiedene andere Schneckenbarscharten, so *Neolamprologus multifasciatus* und *Neolamprologus ocellatus*. Alle Arten sind gleichermaßen empfehlenswert!

Nicht selten begegnet man im Handel *Neolamprologus elongatus*, dem Feenbarsch, der gelegentlich auch noch unter seinem alten Namen *Lamprologus brichardi* angeboten wird. Es handelt sich hierbei um keinen Schneckenbarsch. Feenbarsche brauchen eher

Felsaufbauten, wie ich sie bei *Julidochromis ornatus* beschrieben habe. Auch sie sind relativ anspruchslos und harmlos, können wegen ihrer Größe von bis zu 9 cm Gesamtlänge aber doch kleineren Fischen gefährlich werden.

Segelflosser (*Pterophyllum scalare*) beim Ablaichen am Blatt einer Riesenvallisnerie.

Der Segelflosser
Pterophyllum scalare

Der »König der Aquarienfische« mit seinen typischen Segelflossen, den senkrechten dunklen Streifen und seinem wirklich majestätisch ruhigen Gebaren ist auch sehr vielen Nichtaquarianern bekannt. Trotz der mit etwa 15 cm Länge beträchtlichen Größe und der noch größeren Höhe eines gut entwickelten Tieres haben wir es hier mit ausgesprochen friedlichen Tieren zu tun. Auch noch im Alter lieben die Segelflosser es, mit Artgenossen ruhig zwischen den Pflanzen zu stehen.

Kleine Mitfische haben nur von wirklich großen Segelflossern etwas zu befürchten. Immerhin: Erwachsene Segelflosser lernen es oftmals recht schnell, daß Guppy-Männchen und Neonfische besonders in der Morgendämmerung gut zu jagen sind und daß sie vortrefflich schmecken! Das sollte man bei der Zusammenstellung seiner Fische berücksichtigen!

Segelflosser oder Skalare sind im Amazonasstromgebiet zu Hause. Sie gehörten früher zu den kompliziertesten Aquarienfischen. Heute darf man sagen, daß sie unter durchschnittlichen Wasserbedingungen ausdauernd sind und 10 Jahre oder älter werden können. Wer sie züchten will, sollte allerdings weiches Wasser zur Verfügung haben.

Ein 100-Liter-Aquarium reicht für zwei oder drei Segelflosser. In einem 300-Liter-Aquarium kann man auch guten Gewissens 4 oder 5 Segelflosser unterbringen. Es kann dann durchaus geschehen, daß sich Paare bilden, die ihre

Reviere gegeneinander abstecken und die sogar ablaichen.

Segelflosser kleben ihre Eier gern an breitblättrige Wasserpflanzen, aber manchmal auch an Holzstücke oder an die Scheiben. Im Gesellschaftsaquarium werden sie ihre Brut wegen der Mitbewohner allerdings nur selten aufziehen können, auch pflegen Segelflosser sie nicht immer gut und fressen ihren Laich nach ein oder zwei Tagen. Die meisten Segelflosser stammen aus künstlichen Aufzuchten. Sollten wir jedoch sehen, daß wir im Gesellschaftsaquarium ein Paar haben, das auch noch die Larven pflegt, dann lohnt es sich, die anderen Beckenbewohner herauszufangen und für eine gewisse Zeit anders unterzubringen. Vielleicht geht bei dieser Prozedur tatsächlich die Brut zugrunde, aber nach wenigen Wochen werden die Segelflosser einen neuen Versuch starten.

Die schwimmunfähigen Larven werden in den ersten Tagen mit ihren Klebdrüsen an Blättern aufgehängt. Wenn sie nach dem Freischwimmen ihre Eltern wie ein kleiner Mückenschwarm umschwirren, ist das ein einmaliger Anblick. Rührend kümmert sich jeweils ein Elternteil um die Kleinen, führt sie und versucht sie zusammenzuhalten, während das andere Elterntier im Revier patrouilliert und nach eventuellen Feinden Ausschau hält. Mit *Artemia*-Nauplien, später mit feingehackten *Tubifex,* sind die kleinen Segelflosser unschwer großzuziehen.

Im Handel werden verschiedene Zuchtformen angeboten, so graue Rauchskalare, schwarze und goldene Skalare, marmorierte und bunte. Es gibt jedoch unter der Naturform großflossige Rassen, die im Hinblick auf die Gesamtharmonie allen Zuchtformen den Rang ablaufen. Für wenig schön halte ich vor allem die Schleierformen unter den Segelflossern, die meist nicht mehr in der Lage sind, gut zu schwimmen. – Bei *Pterophyllum altum,* dem Hohen Segelflosser, handelt es sich um eine eigene Art. Es sind schöne, besonders hochflossige Tiere, die aber nicht nur wesentlich teurer, sondern auch empfindlicher als die gewöhnlichen Segelflosser sind.

Der Diskusfisch
Symphysodon aequifasciata

Wenn man den Skalar als den König der Aquarienfische bezeichnet, so müßte man den Diskus als den Kaiser krönen. Es sind große, oft farbig gezeichnete Tiere mit scheibenförmigem Körper. Die bedächtigen Schwimmer sind im Amazonasgebiet zu Hause, wo sie im warmen Stillwasser von Buchten zwischen überhängender Vegetation und ins Wasser gefallenen Zweigen leben. Diskusfische gehören zu den empfindlichen Aquarienfischen, denen man möglichst weiches und leicht saures Wasser anbieten sollte und abwechslungsreiche Nahrung. Sie bevorzugen Lebendfutter, aber auch fein in Streifen geschnittenes Rinderherz. Nur bei sorgfältiger Pflege bleiben sie auf Dauer in guter Verfassung. Sie brauchen ein ruhiges, nicht zu helles Becken mit wenigen, ebenfalls sehr ruhigen Beifischen. Besser noch hält man sie im Artbecken.

Die Zucht von Diskusfischen ist nicht einfach. Sie erfordert neben Geduld und Geschick sehr mineralarmes, leicht saures Wasser. Die Elterntiere laichen an senkrechten Flächen ab. Die Züchter bieten zu diesem Zweck meistens Tonvasen an. Es kümmern sich beide Eltern um die Brut. Nach dem Freischwimmen der Kleinen sondern die Eltern ein Hautsekret ab, das der ersten Ernährung der Jungfische dient. Anderes Futter wird erst nach frühestens 4 Tagen aufgenommen.

Der Artname »aequifasciata« bedeutet »mit gleichartigen Streifen«, deshalb spricht man gelegentlich auch vom »Streifendiskus«. Die dunklen Querstreifen, es sind neun an der Zahl, sind typisch für die Art, auch wenn sie nicht immer deutlich zu sehen sind. Innerhalb der Art gibt es verschiedene Farbvarianten, von denen besonders die blauen Formen (Royal Blue und andere) sehr gefragt sind.

Neben dem Streifendiskus gibt es auch den Echten Diskus oder Heckel-Diskus (Symphysodon discus). Er stammt aus ruhigen, pflanzenreichen Buchten des Rio Negro. Im Unterschied zu den aequifasciata-Formen ist beim Echten Diskus der fünfte Querstreifen auffallend dunkler. In der Haltung und Zucht unterscheiden sich beide Arten nicht.

Labyrinthfische

Gemeinsames Merkmal der in Südasien und Afrika beheimateten Labyrinthfische ist ihr Labyrinthorgan, dem sie auch ihren Namen verdanken. Das Labyrinthorgan ist eine vielfach gefaltete, mit Luft gefüllte Höhle, die unter den Kiemendeckeln verborgen liegt. In unregelmäßigen Abständen schwimmen Labyrinthfische zum Wasserspiegel, um die verbrauchte Luft im Labyrinthorgan gegen frische Luft auszutauschen. Auch wenn viele Labyrinthfische ohne ihr Labyrinthorgan in den oft sauerstoffarmen und warmen Sumpfgebieten ihrer tropischen Heimatländer ersticken würden, handelt es sich bei der Labyrinthatmung nur um eine Zusatzeinrichtung. Wichtigstes Atemorgan bleiben auch bei den Labyrinthfischen die Kiemen. Alle Labyrinthfische sind Revierfische, die zumindest dann, wenn sie in Brutstimmung kommen, energisch ihr Revier gegen andere Fische verteidigen. Das macht sie zu nicht immer ganz einfachen Mitbewohnern. Andererseits gibt es unter ihnen aber so farbenprächtige und auch einige besonders vom Verhalten her unglaublich interessante Arten, daß viele Aquarianer sich sogar auf Labyrinther spezialisiert haben. Einige unter den friedlichen Arten wie die Zwergfadenfische sind auch fast uneingeschränkt für das Gesellschaftsaquarium zu empfehlen. Hinzu kommt, daß fast alle im Handel erhältlichen Arten anspruchslos im Hinblick auf die Wasserqualität und auf das Futter sind. Normales Trockenfutter ist völlig ausreichend. Lediglich die Wassertemperaturen sollten nicht zu tief sinken, denn Labyrinthfische sind an die warmen, lichtdurchfluteten Tümpel und Reisfelder der Tropen angepaßt. Wer in seinem Aquarium allerdings nicht auf eine starke Wasserströmung verzichten will, sollte sich

Labyrinther nicht anschaffen. Zu starke Filter sind die Hauptursache für das vorzeitige Eingehen vieler Labyrinthfische in Gesellschaftsaquarien. Anders als Salmler, Welse und Karpfenfische können Labyrinthfische auf Dauer nicht gegen eine ständig erfolgende Wasserströmung anarbeiten.

Alle genannten Arten sind brutpflegend, die gelegentlich selbst im Gesellschaftsaquarium ihre am Wasserspiegel errichteten Schaumnester erbauen. Es ist für Aquarianer immer wieder faszinierend zu beobachten, wie die in allen Farben herrlich erglühten Männchen zunächst ihr Nest erbauen und dann versuchen, ihre Weibchen unter ihr Nest zu locken.

Wenn das Weibchen schließlich nach vielem Zögern unter dem Nest erscheint, umschlingen sich die Fische, verharren in dieser Umschlingung freischwebend einige Zeit unter dem Nest und geben dann ihre Laichprodukte ab. Je nach Art steigen die Eier entweder alleine unter das Nest hoch (Fadenfische und Makropoden) oder die nach unten rieselnden Eier müssen nun von den Eltern aufgesammelt und zum Nest gebracht werden (Kampffische).

Bei den Labyrinthfischen tragen die Männchen die Verantwortung für den Nestbau und die Versorgung der Brut. Bei einigen Arten allerdings übernehmen die Weibchen Hilfsfunktionen. Wenn die Kleinen selbständig schwimmen können, bleiben sie nicht wie die meisten kleinen Buntbarsche im Schwarm zusammen. Sie halten untereinander keinen Kontakt und können daher nach dem Freischwimmen vom Vater nicht mehr zusammengehalten und geschützt werden.

Unter den Labyrinthfischen gibt es aber auch einige Arten mit Maulbrutpflege. Bei ihnen bewahren die Väter den Laich und später die zunächst noch hilflosen Larven in ihrem Maul auf, bis die Kleinen selbständig sind. Natürlich müssen die Väter während der Maulbrutpflege fasten, teilweise bis zu drei Wochen. Zu den Maulbrütern gehören unter den Labyrinthfischen die Schokoladenguramis und einige nur selten im Handel zu bekommende Kampffischarten.

Der Zwergfadenfisch
Colisa lalia

Es gibt kaum ein empfehlenswerteres Fischchen als gerade den Zwergfadenfisch. Die Männchen sind ständig in Bewegung und mit ihrem aparten rotblauen Farbmuster eine Bereicherung für jedes Gesellschaftsaquarium. Die Weibchen sind farblos ocker und bleiben etwas kleiner.

Der »Lalius« stammt aus den Gewässern Nordindiens. In der dort mehrere Monate herrschenden Trockenzeit leben die Fadenfische in Schwärmen in den Flüssen. Mit dem Einsetzen der sommerlichen Monsunregen verlassen die Tiere die Flüsse und besiedeln die jetzt überschwemmten Marschen und Reisfelder. Dort errichten die Männchen im sich schnell erwärmenden Stillwasser ihre Schaumnester und beginnen mit dem Fortpflanzungsgeschäft. Eifrig tragen sie dazu Pflanzenteile zusammen und produzieren Schaumblasen.

Auch neugekaufte Zwergfadenfische verhalten sich meist wie die gerade beschriebenen Freilandtiere. Wenn die Wassertemperatur ausreichend hoch ist, das Aquarium gut bepflanzt ist, nicht zu viele Mitbewohner hat und die Wasserströmung nur gering ist oder wenn sie völlig fehlt, dann beginnt das Männchen oft schon nach wenigen Stunden mit dem Nestbau. Alle anderen Fische werden aus der Umgebung des Nestes verjagt, zunächst auch das eigene Weibchen. Achten Sie mal darauf: Bei seinen Scheinangriffen kann man auch vor dem Aquarium deutliche Schnarrgeräusche vernehmen.

Die Beobachtung des Paarungs- und Fortpflanzungsverhaltens von Zwergfadenfischen gehört zu den schönsten Erlebnissen, die man als Aquarianer haben kann. Aus den etwa 500 im Durchmesser nur 0,8 mm großen Eiern schlüpfen nach bereits 24 Stunden die Jungen. Sie sind zunächst noch nicht schwimmfähig und werden vom Vater im Nest behütet. Wenn sie aber im Alter von drei Tagen auf der Suche nach Nahrung das Nest verlassen, werden die Jungen leider schnell zur Beute der Mitfische.

Wer wirklich züchten möchte, muß das Schaumnest mit den Larven rechtzeitig mit einer Kelle oder einem Glas abschöpfen und die Jungen dann in einem gesonderten Becken aufziehen. Das ist jedoch nicht einfach, denn die Winzlinge brauchen für den Anfang kleinste Einzeller als Nahrung. Erst nach etwa einer Woche kann man frischgeschlüpfte Salzkrebslarven verfüttern. Zuchtansätze für Einzeller gibt es wie auch für Salzkrebse (Artemien) beim Zoofachhändler. Man sollte für den Anfang aber seine Erwartungen nicht zu hoch schrauben. Wer von den 300 bis 500 Larven wirklich 10 oder gar 30 großzieht, hat bereits ein gutes Resultat erzielt.

Leider sind Zwergfadenfische nur kurzlebig und erreichen selten ein Alter von mehr als zwei Jahren. Es gibt neben der blauroten Wildform auch Zuchtformen: flächig orangefarbene und rote Zwergfadenfische sowie blaue Formen. Die Zuchtformen sind nicht immer schöner als die Wildform.

Zwergfadenfische zeigen gelegentlich ein sehr interessantes Beuteerwerbsverhalten. Wenn sie ein sie interessierendes Beuteobjekt oberhalb der Wasseroberfläche entdecken, nähern sie sich dem Wasserspiegel. Dann schwimmen sie möglichst nah unter das Beuteobjekt und versuchen, es im Sprung zu erreichen.

Manche Zwergfadenfische springen nicht, sondern spucken bei solchen Gelegenheiten ganze Salven von Wassertropfen zu der Beute. Dabei erreichen sie Spuckhöhen, die ihrer Körperlänge entsprechen, also etwa 5 cm. Innerhalb einer Sekunde schießen sie 4 bis 5 Spucktropfen zu der Beute, die bei einem Treffer ins Wasser gespült und gefressen wird. – »Beutetiere« können Tubifex oder auch Trockenfutter sein,

Oben: Rotkopfsalmler (*Hemigrammus bleheri*)

Unten: Roter Wagtail-Platy (*Xiphophorus maculatus*)

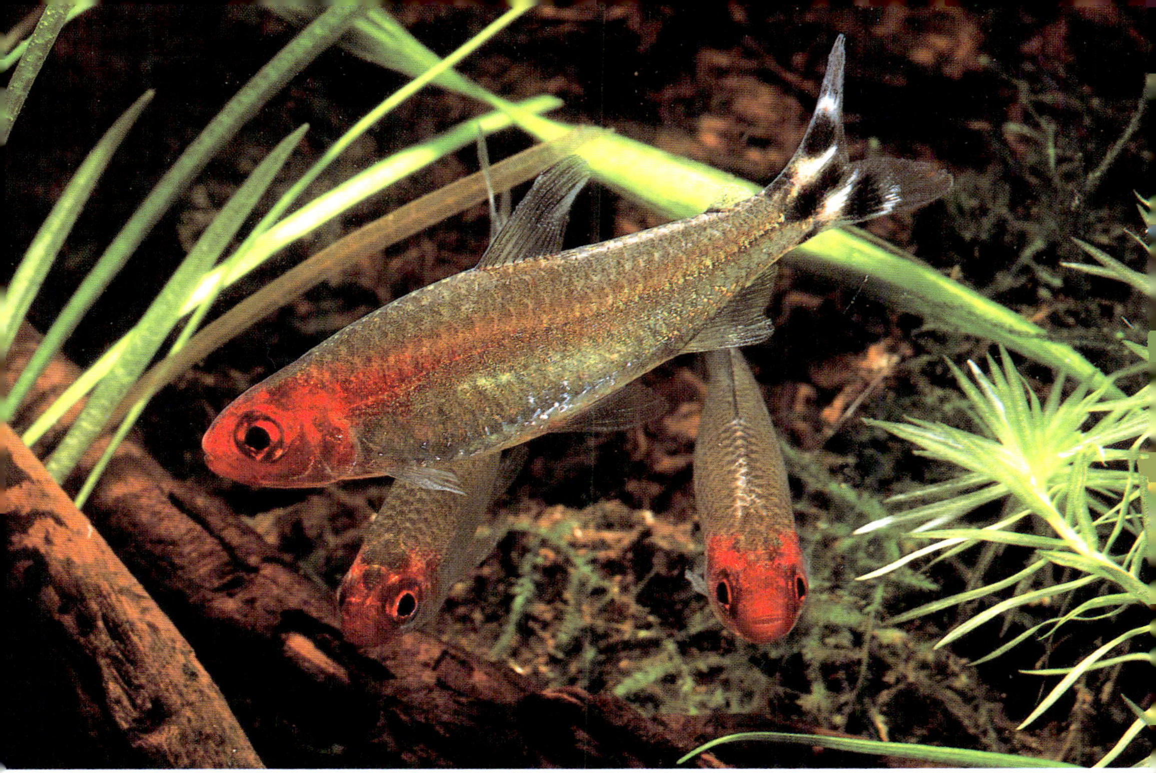

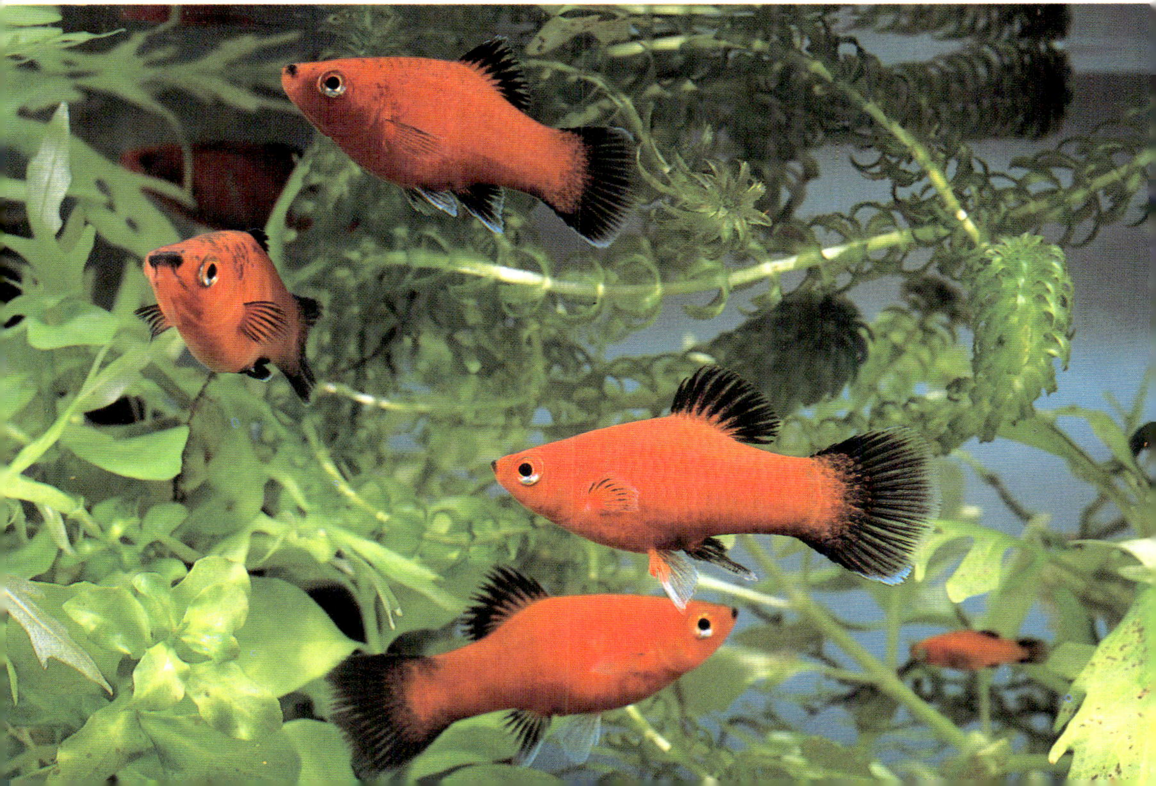

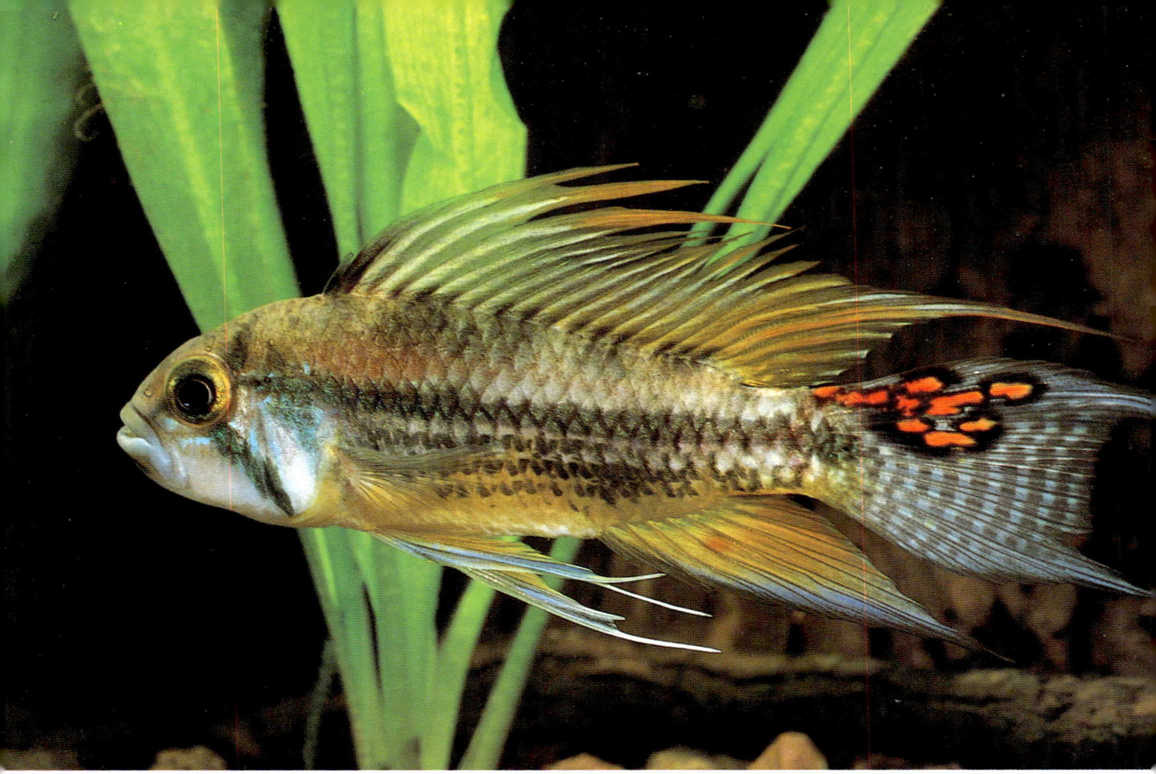
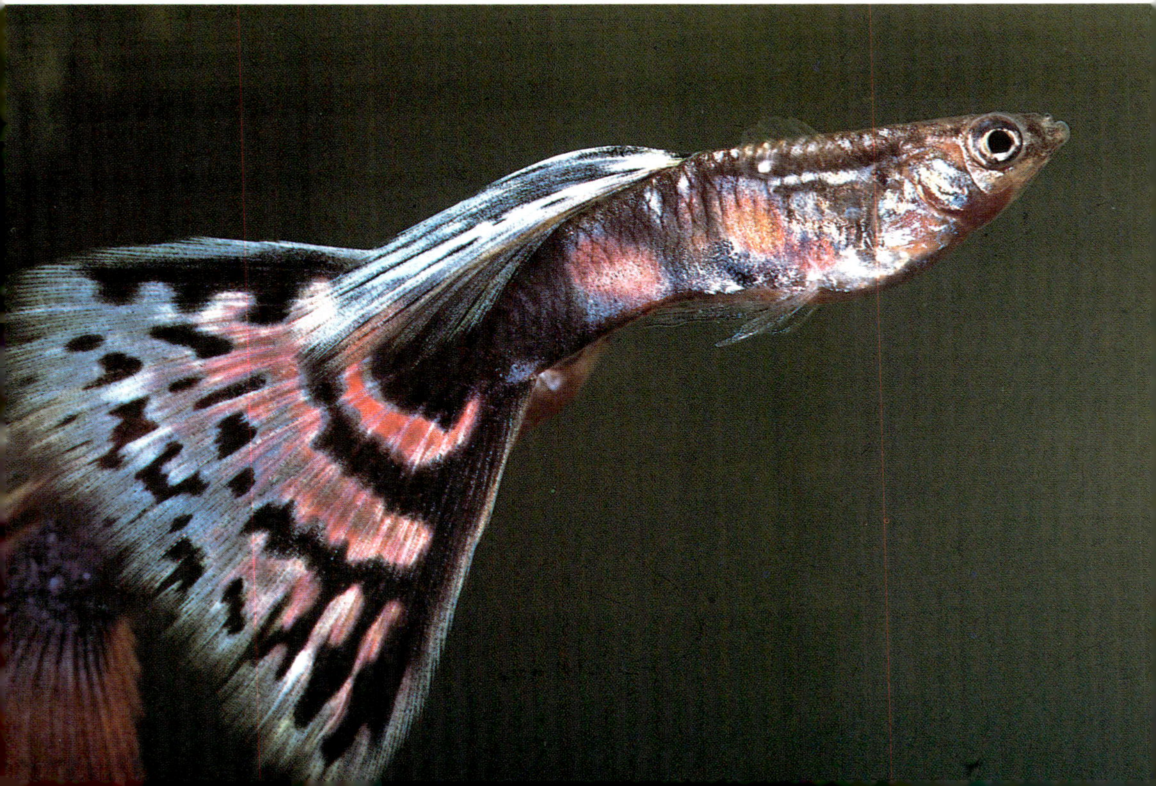

die der Aquarianer seinem »Schützen-fisch« vorhält. Es versteht sich von selbst, daß hierzu handzahme Fische nötig sind und daß man als Experimentator eine gehörige Portion Geduld aufwenden muß.

Der Honigfadenfisch
Colisa chuna

Noch kleiner, noch quirliger als die Zwergfadenfische sind die Honigfadenfische. Oft werden sie auch als *Colisa sota* bezeichnet. Sie sind in denselben Regionen wie die Zwergfadenfische beheimatet, in den Flachländern von Nordostindien und Bangladesh, und haben auch denselben Lebensrhythmus.

Beim Händler ist es oft Glückssache, ein Paar zu bekommen, da die Männchen dort nur selten ihre Prachtfärbung zeigen. Das ist aber nicht weiter schlimm, denn diese Fische sind trotz ihres Revierverhaltens sehr harmlos. Wir können unbesorgt mehrere von ihnen anschaffen. Im Aquarium werden dann die Männchen ihre schöne Prachtfärbung anlegen. Ihre Körpergrundfarbe ist ein sattes Braunorange. Dazu kommt ein schwarzer Kopf mit Kehllatz und eine aparte Gelbzone in der Rückenflosse. Meistens bleiben die Männchen etwas kleiner als ihre Weibchen.

Oben: Kakadu – Zwergbuntbarsch (*Apistogramma cacatuoides*)

Unten: Prachtguppy (*Poecilia reticulata*)

Ein Zwergfadenfisch-Männchen (*Colisa lalia*) spuckt mit einem Wasserstrahl nach einem Insekt.

Honigfadenfische sind genügsam im Hinblick auf Wasserwerte und das Futter. Wie alle Fadenfische lieben sie aber nicht zu stark bewegtes Wasser und eine zumindest stellenweise dichte Bepflanzung. Besonders deckungsbietende Schwimmpflanzen wie der Sumatrafarn haben es ihnen angetan.

Bei guter Pflege kann man die kleinen Männchen oft bei ihren lebhaften Balzspielen beobachten. Sie errichten großflächige Schaumnester, die aber sehr schnell wieder zerfallen. Der Laich wird nicht im eigentlichen Nest gepflegt, sondern zu regelrechten Klumpen zusammengetragen. So kann er von den Vätern leichter bewacht werden.

Das übrige Fortpflanzungsverhalten

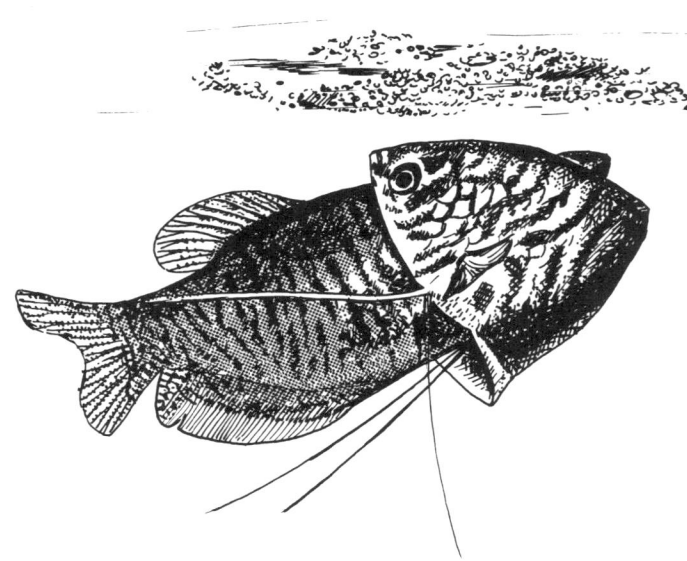

und die Möglichkeiten, die Fische zu züchten, entsprechen den bei den Zwergfadenfischen gemachten Angaben. Von dieser Art kann man gelegentlich eine gelbliche Zuchtform bekommen.

Der Dicklippige Fadenfisch
Colisa labiosa

Die Dicklippigen Fadenfische ähneln in vielen Einzelheiten den Zwergfadenfischen. Auch sie sind für das Gesellschaftsaquarium empfehlenswerte Fische. Sie werden zwar etwas größer als der Lalius, sind aber etwas ruhiger und durchaus friedlich.
Die Männchen sind am Körper schräg blau und braun gestreift und können sich zur Balz- und Paarungszeit fast

Zur Paarung umschlingt das Männchen des Punktierten Fadenfisches (*Trichogaster trichopterus*) seine Partnerin unter dem Schaumnest.

schwarz färben. Ihre Rückenflosse läuft nach hinten spitz aus und kann bei schönen Tieren weit über das Ende der Schwanzflosse hinausreichen. Die Afterflosse ist nach hinten hin abgerundet. Hierdurch unterscheiden sich die *Colisa labiosa* von den nahe verwandten *Colisa fasciata*, bei denen die Männchen eine zugespitzte Afterflosse haben und auch deutlich größer werden. Die Fortpflanzung und die Zucht gleichen weitgehend der von *Colisa lalia*. Auch vom Dicklippigen Fadenfisch ist gelegentlich eine orangefarbene Zuchtform im Handel.

Labyrinthfische

Der Punktierte Fadenfisch
Trichogaster trichopterus

Im Gegensatz zu den vorderindischen *Colisa*-Arten stammen die *Trichogaster* aus Hinterindien. Sie haben eine wesentlich kürzere Rückenflosse und sind größer. Trotz dieser zum Teil beträchtlichen Größe und der Tatsache, daß es Revierfische sind, handelt es sich bei den *Trichogaster*-Arten um ideale Aquarienfische.

Der Punktierte Fadenfisch gehört zu den unempfindlichsten Zierfischen. Dennoch liebt er wie die meisten Labyrinther höhere Wassertemperaturen und nur schwache Wasserbewegung. Unter guten Bedingungen kann er bis zu 10 Jahre alt werden. Bei größeren Tieren kann man die Geschlechter an der Form der Rückenflosse erkennen, die bei den Männchen nicht nur länger als beim Weibchen ist, sondern auch deutlich zugespitzt.

Fortpflanzungsgestimmte Männchen können manchmal ganz schön ruppig werden. Dabei sind außer Artgenossen zumeist keine anderen Fische wirklich gefährdet. Aber es heißt hier aufzupassen. Neben sehr friedlichen Exemplaren gibt es hin und wieder auch regelrechte Raufbolde. Am besten belassen wir es bei nur einem Männchen. Um das Weibchen brauchen wir uns keine übertriebenen Sorgen zu machen, wenn wir ihm ausreichend Versteckgelegenheiten in Form von Pflanzen, Kienholzwurzeln und Steinen gegeben haben. Im Hinblick auf das Fortpflanzungsverhalten und die Zucht ähnelt der Punktierte Fadenfisch dem Zwergfadenfisch.

Punktierte Fadenfische kommen in verschiedenen Formen vor. Die Wildform hat typische Punkte in der Körpermitte und der Schwanzwurzel und eine Körpergrundfärbung zwischen anthrazitgrau und braun. Mehr oder weniger feine dunkle Wellen können sich dabei am Fischkörper abzeichnen, und in der Afterflosse befinden sich gelbe oder orangefarbene runde Flecken. Eine Zuchtform hat am ganzen Körper dicke dunkle Flecken und Querbalken (Cosby-Fadenfisch). Daneben gibt es reinblaue, goldgelbe und silbrigweiße Varianten, die als Blaue, Goldene und Silberne Fadenfische bekannt sind. Sie unterscheiden sich weder in der Haltung noch in der Zucht von der Stammform.

Der Mosaikfadenfisch
Trichogaster leeri

Der flächige Körper und die unpaaren Flossen dieser recht groß werdenden Art sind apart mosaikartig gemustert und glänzen perlmuttartig. Die Männchen haben deutlich verlängerte Flossenstrahlen und zeichnen sich durch eine orangefarbene bis tiefrot gefärbte Kehle und Brust aus. Ich kenne unter den Zierfischen vergleichbarer Größe keine Art, die so schön und gleichzeitig so überaus friedlich und pflanzenfreundlich ist wie die Mosaikfadenfische. In ausreichend großen Becken kann man unbesorgt auch mehrere Mosaikfadenfisch-Männchen vergesellschaften.

Mosaikfadenfische stammen aus den Urwaldtümpeln von Südborneo, Sumatra und dem Süden der Malaiischen Halbinsel. Hier führen sie zwischen Pflanzendickichten und dem Gewirr herabgefallener Zweige ein heimliches Leben. Wen wundert es, daß sie höhere Temperaturen als viele andere Fische brauchen, um sich wirklich wohl zu fühlen? Mosaikfadenfische sind anspruchsvoller als die Punktierten Fadenfische. Bei guter Pflege gehören sie aber zu den langlebigen Arten unter den Labyrinthfischen.

Die Fortpflanzung erfolgt so, wie bei *Colisa lalia* beschrieben. Allerdings geht alles sehr viel langsamer, manchmal geradezu geruhsam und zärtlich vor sich. Man wird das Fortpflanzungsverhalten dieser Art jedoch nur in Gesellschaftsaquarien mit sehr ruhigen Mitbewohnern beobachten können, und selbst dann gehört noch eine tüchtige Portion Glück dazu. Leichter hat man Zuchterfolge in gut bepflanzten, geräumigen Aquarien ohne weitere Mitbewohner. Man braucht dazu aber auch weiches, leicht saures Wasser und ausreichend Lebendfutter für den Laichansatz des Weibchens.

Der Mondscheinfadenfisch
Trichogaster microlepis

Mondscheinfadenfische stammen aus pflanzenreichen Gräben, Seen und Teichen in Thailand und Kambodscha. Viele Leute halten diese sanften Riesen für fad und langweilig. Andere aber lieben sie gerade weil sie ein so ruhiges, friedfertiges Wesen haben und gerade wegen ihrer flächig weißlichen Körper. Sie ha-

ben winzige Schuppen, die den Fischen eine seidenartige Struktur verleihen. So können sie im Gesellschaftsaquarium einen guten Kontrast zu den bunten und quirligen Kleinfischen setzen. Trotz ihrer Größe von bis zu 14 cm Länge sind sie anderen Fischen gegenüber absolut harmlos. Die Ansprüche an die Wasserqualität und an das Futter sind recht bescheiden, doch sollte man sie nicht bei Temperaturen unter 25 °C halten.

Im größeren Gesellschaftsaquarium kann man ruhigen Gewissens 3 oder 4 dieser dekorativen Fische halten. Die Geschlechter erkennt man erst bei relativ großen Tieren. Dann ist die Rückenflosse der Männchen etwas länger. Vor allem erkennt man dann die Männchen aber an ihren orangefarbenen Bauchflossenfäden. Die der Weibchen bleiben dagegen farblos weißlich.

In großen, gut bepflanzten Zuchtaquarien können fortpflanzungsgestimmte Männchen unglaublich aggressiv gegenüber ihren Weibchen werden. Die Zucht ist daher nicht immer einfach. Im Gesellschaftsaquarium dagegen kommen die Tiere in aller Regel nicht in Laichstimmung.

Der Paradiesfisch
Macropodus opercularis

Paradiesfische oder Makropoden (Großflosser) machen ihrem Namen alle Ehre. Es sind farbenprächtige Labyrinthfische aus den Reisfeldern von Vietnam und Südchina. Entsprechend ihrem schon etwas nördlicher liegenden Verbreitungsgebiet können sie zeitweilig selbst Temperaturen unter 10 °C vertragen. So richtig lebhaft werden sie aber erst bei Temperaturen zwischen 25 und 30 °C.

Paradiesfische sind in jeder Hinsicht anspruchslos und gleichzeitig sehr schön und interessant. Dennoch kann man sie nur als Mitfische für geräumige Aquarien mit relativ großen und robusten Fischen empfehlen. Zeitweilig könnten sie kleineren Mitbewohnern erheblich zusetzen, kleine Guppy-Männchen werden unter Umständen sogar von großen Makropoden verspeist! Auch Paradiesfische sind Schaumnestbauer mit Vaterfamilie. Sie gehören zu den Arten, die wirklich nicht schwer zu züchten sind. Neben der farbenprächtigen blauroten Naturform gibt es mehr blaue Makropoden und – als Kunstzüchtung – auch eine weiße Albinoform mit roten Augen. Es gibt ferner einige nahe Verwandte, die seltener im Handel zu finden sind, die hier aber doch aufgezählt werden sollen. Die Schwarzen Makropoden (*Macropodus concolor*) stammen aus Borneo und haben etwas gehobenere Ansprüche als die Paradiesfische. Die aus Mittelchina stammenden Rundschwanzmakropoden (*Macropodus chinensis*) bleiben kleiner und sind sehr verträglich. Da sie aber im Winter eine kühle Überwinterung brauchen, sind sie nur für Spezialisten zu empfehlen.

Häufiger begegnet man beim Zoofachhändler den kleinen Spitzschwanzmakropoden aus Vorderindien. Sie sind bei aller Robustheit ausgesprochen friedfertig und absolut pflanzenfreundlich, so daß sie auch in kleineren Aquarien mit kleinen Beifischen gut untergebracht

Schwarze Spitzschwanzmakropoden (*Pseudosphromenus cupanus*) bei der Paarung.

sind. Sie lieben Höhlen, in denen sie auch ihre Schaumnester anlegen. Es gibt zwei Arten, die als Rote und als Schwarze Spitzschwanzmakropoden (*Pseudosphromenus dayi* und *P. cupanus*) bezeichnet werden.

Der Knurrende Zwerggurami
Trichopsis pumila

Diese schlanken, grünlich glänzenden Labyrinthfische werden nur gerade 3,5 cm groß. Da sie ein verstecktes Leben führen, gehen sie in größeren Aquarien unter. Die anspruchslosen Fische eignen sich jedoch gut für 50- bis 80-Liter-Aquarien, in denen man sie mit anderen Kleinfischen vergesellschaften kann, z.B. mit Keilfleckbarben oder Honigfadenfischen.

Knurrende Zwergguramis kann man gelegentlich bei ihren harmlosen Balzspielen und Kämpfen beobachten. Dann geben sie Knarrlaute von sich, die man ohne Schwierigkeiten vor dem Aquarium hören kann. Bei paarweisem Ansatz ist es nicht schwer, diese Fischzwerge zu züchten. Die größeren Weibchen sind an ihrem Eierstock zu erkennen, der gelblich durch die Haut hindurchschimmert. Er ist als spitz zum Schwanz hin ausgezogenes Dreieck zu erkennen. Die Männchen legen ein Schaumnest an, das meist in Höhlen oder unter Pflanzenblättern versteckt wird. Ungeübte Aquarianer übersehen es oft, wenn sich bei den *Trichopsis* Nachwuchs einstellt. Bei der Verteidigung ihrer Brut können die kleinen Fischeltern anderen Beckengenossen gegenüber manchmal sehr rabiat werden.

Seltener wird im Handel der größere Knurrende Gurami (*Trichopsis vittata*) angeboten. Die in Südostasien sehr häufigen Fische erreichen 7 cm Gesamtlänge, wirken wegen ihrer schlanken Körperform aber weit kleiner. Es ist schade, daß sie nur selten zu bekommen sind, denn diese anspruchslosen Labyrinther sind ausgezeichnet auch für größere Gesellschaftsaquarien geeignet. Im Händlerbecken sehen sie oft nicht sehr attraktiv aus, aber im Aquarium können sie sich zu wahren Prachtfischen mausern. Auch sie sind in jeder Hinsicht harmlos und erfreuen den Aquarianer durch oft sehr lautes Knarren.

Der Schokoladengurami
Sphaerichthys osphromenoides

Schokoladenguramis stammen aus colafarbenen, nur langsam fließenden Gewässern im Bereich der Malaiischen Halbinsel, aus Sumatra und Borneo. Die apart gezeichneten bräunlichen Tiere mit ihrem sanften Wesen werden relativ häufig im Handel angeboten und finden immer wieder ihre Käufer. Leider sind sie alles andere als gute Aquarienfische. Sie sind gegen verschiedene Krankheiten anfällig und brauchen sehr weiches, saures Wasser und Lebendfutter oder doch zumindest Frostfutter. Die allermeisten Schokoladenguramis gehen im Aquarium schon nach wenigen Wochen zugrunde. Es gibt allerdings immer wieder einzelne Exemplare, die offenbar unverwüstlich sind.

Der Siamesische Kampffisch
Betta splendens

Seit Hunderten von Jahren werden in Thailand, dem früheren Siam, die Männchen dieser Art in Gläser zusammengesetzt. Die Reviertiere bekämpfen sich daraufhin, und die Siamesen schließen Wetten auf den Sieger ab. Auf diese Weise wurden besonders angriffslustige Kampfrassen herangezüchtet.

Beim Händler werden uns dagegen andere Zuchtformen angeboten, die vor allem durch die satten Farben der Männchen und deren schleierähnliche Flossen bestechen, die Schleierkampffische. Auch sie sind noch recht aggressiv, so daß wir nicht mehr als ein Männchen pro Aquarium nehmen dürfen. Da sich die Aggressivität jedoch in erster Linie auf die Männchen der eigenen Art beschränkt, können wir ohne weiteres Weibchen dazusetzen und sollten das natürlich auch.

Kampffische sind ideale Fische für ein Gesellschaftsaquarium, da sie ruhige Schwimmer sind und ihrem Namen dort keine Ehre tun. Nur sehr zarte Beifische könnten möglicherweise Schaden nehmen. Zu hektische Mitfische und vor allem eine zu starke Wasserströmung und zu niedrige Temperaturen sollten aber unbedingt vermieden werden. Leider gehören die Siamesischen Kampffische zu den kurzlebigen Zierfischen, die spätestens mit 2 Jahren schon total vergreist sind.

Es gibt etwa 18 Arten Wildkampffische, von denen allerdings nur sehr selten mal einige im Handel auftauchen, da sie meist nicht sehr farbig oder aber ziemlich empfindlich sind. Aquarianern, die sich für interessante Verhaltensbeobachtungen begeistern können, sei aber angeraten, mal nach maulbrütenden Arten Ausschau zu halten. Besonders friedlich, gleichzeitig auch im Gesellschaftsaquarium zu halten und dort auch zur Fortpflanzung zu bringen, ist der Javanische Kampffisch *Betta picta*. Man muß nur die Männchen in kleine 10-Liter-Aquarium überführen, wenn man an der Auswölbung ihres Kehlsackes sieht, daß sie Laich im Maul tragen. Nach etwa 12 Tagen werden die Jungen ausgespuckt und sind dann leicht mit frischgeschlüpften Artemien aufzuziehen.

Weitere beliebte Zierfische

Einige sehr beliebte Fischarten sind keiner der bisher vorgestellten Gruppen zuzuordnen. Sie sollen hier gesondert aufgeführt werden.

Die Rüsselschmerle
Acanthopsis choirhynchus

Der englische Name dieser Schmerlen lautet treffend Horseface Loach, also »Pferdegesichtschmerle«. Die aalartig langgestreckten Rüsselschmerlen sind in ihrer südostasiatischen Heimat in schnellfließenden Gewässern mit sandigem Bodengrund anzutreffen. Bei Gefahr graben sie sich in den Bodengrund ein. Auch im Aquarium wühlen sie gern. Man darf ihnen daher keinen scharfkantigen Bodengrund und keinen Kies anbieten. Die Pflanzen setzt man am besten in besondere Pflanzschalen, da sie andernfalls ausgewühlt werden könnten.

Bei Temperaturen um 26 °C sind Rüsselschmerlen ausdauernde Pfleglinge, die im Aquarium etwa 12 cm erreichen. Im Freiwasser werden sie bis zu 22 cm lang. Trotz ihrer Größe sind sie harmlos, wenngleich sie wegen ihrer Wühltätigkeit eventuell lästig werden können.

Über erfolgreiche Zuchten sind bisher keine Berichte bekanntgeworden.

Das Gefleckte Dornauge
Acanthophthalmus kuhlii

Die wurmartigen, gelbschwarz geringelten Dornaugen werden von Anfängern gern angeschafft, nur deshalb erwähne ich sie. Die südostasiatischen Fische machen im Aquarium aber wenig Freude, denn sie sind nachtaktiv. Tagsüber verstecken sie sich. Gern vergraben sie sich im Mulm oder in weichem Sand. Eigentlich sind Dornaugen keine komplizierten Pfleglinge. Sie wünschen sich jedoch weiches und leicht saures Wasser. In den meisten Fällen kommen die Dornaugen bei der Fütterung zu kurz, da die anderen Fische ihnen nichts übriglassen. Daher sollten sie abends nach dem Ausschalten der Beleuchtung noch gesondert gefüttert werden. Wegen ihrer sehr versteckten Lebensweise sind es keine Fische, die mit gutem Gewissen empfohlen werden können. Auch die anderen Dornaugen-Arten unterscheiden sich nur wenig von der hier vorgestellten Art.

Die Prachtschmerle
Botia macracantha

Die gelblichen Schwarmfische mit den drei breiten schwarzen Binden und den roten Flossen sind eine Zierde für jedes Aquarium. Ihre Ansprüche an das Futter und das Wasser sind nicht ausgefallen. Leider sind Prachtschmerlen aber nichts für ruheliebende Fische, denn besonders zur Nacht und in der Dämmerung sind die Schmerlen unterwegs. Auch können sie recht groß werden. In ihren indonesischen Heimatgewässern erreichen sie Längen von 30 cm. Im Aquarium sind aber schon 15 cm große Tiere selten. Prachtschmerlen sind gegen die Pünktchenkrankheit (*Ichthyophthirius*) recht empfindlich. Andererseits können sie bei guter Pflege im Aquarium ein ziemlich hohes Alter erreichen. Übrigens können sie – wie auch viele andere Schmerlen – knackende Geräusche von sich geben, die man als aufmerksamer Beobachter unschwer vor dem Aquarium hören kann.

Die Zwergschmerle
Botia sidthimunki

Mehr als alle anderen Schmerlen sind diese kleinbleibenden und in jeder Hinsicht genügsamen Schwarmfische aus dem nördlichen Thailand für das Gesellschaftsbecken geeignet. Sie sind auf typische Weise schwarzweiß gemustert, weshalb sie auch treffend als Schachbrettschmerlen bezeichnet werden. Sie sind nicht nur sehr friedlich, sie sind – ganz untypisch für Schmerlen – fast den ganzen Tag munter in Bewegung.

Die Siamesische Saugschmerle
Gyrinocheilus aymonieri

Fast ständig sind Saugschmerlen damit beschäftigt, mit ihrem Saugmaul an

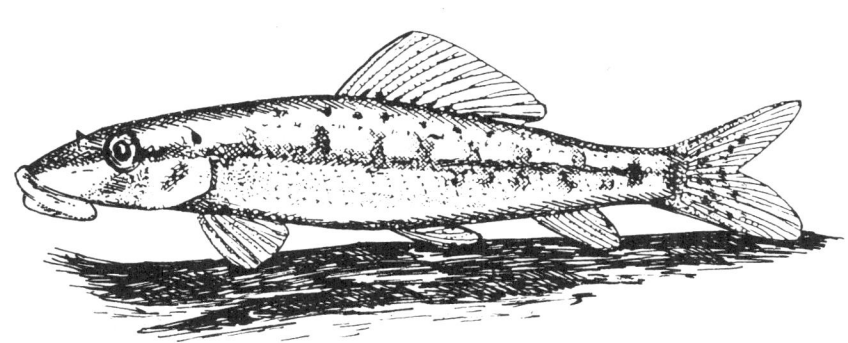

Saugschmerle (*Gyrinocheilus aymonieri*)

den Scheiben, an Blättern oder Steinen herumzulutschen. Das macht sie zu recht auffallenden Fischen, gleichzeitig auch zu nützlichen, denn bei dieser Tätigkeit werden Algen abgeweidet. Die Tiere sind langlebig und langsamwüchsig, sollen in Freiheit aber bis zu 27 cm lang werden. Im Aquarium geben ältere Tiere das Algenputzen oft auf, und leider werden sie manchmal den anderen Fischen durch Ablutschen lästig.

Die Goldringelgrundel
Brachygobius xanthozona

Die possierlichen »Hummelfische« mit ihrer gelb-schwarzen Ringelung sind ganz allerliebst – nur leider keine Fische für das Gesellschaftsaquarium. Sie fressen ausschließlich Lebendfutter, ersatzweise möglichenfalls Frostfutter. Für ein kleines Spezialaquarium sind es jedoch sehr ruhige, ausgesprochen friedliche Tiere. Man sollte ihnen dann kleine

Wohnungen in Form von leeren Gehäusen der Weinbergschnecke geben. Gut und abwechslungsreich gefütterte Tiere laichen gern in diesen Höhlen ab. Das Männchen betreibt Brutpflege.

Der Grüne Kugelfisch
Tetraodon fluviatilis

Die possierlichen Tiere werden gern gekauft, sei es aus Unkenntnis oder weil man sie für die Bekämpfung von überhandgenommenen Schnecken einsetzen will. Tatsächlich vertilgen Kugelfische liebend gern Schnecken, auch Regenwürmer, Tablettenfutter und Tubifex werden gern genommen. Alle Kugelfische sind jedoch unverträglich gegen Artgenossen und fremde Fische. Diese Eigenschaft steigert sich mit zunehmendem Alter. Sie sollten daher nicht im Gesellschaftsbecken gehalten werden. Besser bringt man sie im Artbecken in hartem Wasser mit möglichst gleich großen Artgenossen unter, denen durch Kienholzwurzeln viele Versteckmöglichkeiten gegeben sind.

Der Zwergregenbogenfisch
Melanotaenia maccullochi

Der lebhafte, aber sehr genügsame und friedliche Australier ist ein ausgezeichneter Schwarmfisch für ein Gesellschaftsaquarium mit mittelhartem bis hartem Wasser. Regenbogenfische sind starke Fresser. Es ist nicht schwer, die Fische zu züchten, doch dafür sind zumeist Artbecken nötig, denn artfremde Fische stellen dem Laich nach.

Die reifen Weibchen sind an ihrem größeren Leibesumfang zu erkennen. Am besten setzt man zur Zucht einige wenige Tiere in ein mit vielen zarten Pflanzen (z.B. Tausendblatt) ausgestattetes Aquarium. Sobald man die an kleinen Fäden hängenden, glasklaren Eier im Pflanzendickicht erkennt, werden die Elterntiere herausgefangen. Nach etwa 7 Tagen schlüpfen die Jungfische. Bei guter Fütterung der Alttiere und einer ausreichend dichten Schwimmpflanzendecke kommen in Artbecken auch in Gegenwart der Eltern viele Jungtiere hoch.

Ähnlich zu halten und zu züchten sind auch die anderen Regenbogenfisch-Arten. Gern werden auch Rote Regenbogenfische (*Glossolepis incisus*) gekauft. Sie sollten aber nur für größere Aquarien ab 200 Liter genommen werden, denn sie werden recht groß und brauchen viel Schwimmraum. Sie sind zwar sehr friedliebend, aber ruhigeren Mitfischen bringen sie doch zu viel Hektik ins Becken.

Tabellarische Artenübersicht

Erklärung der Spalten in der Tabelle

Anmerkung: Die Abfolge der Arten entspricht der Reihenfolge der Beschreibungen im Buch.

a Wissenschaftlicher Name

b zu erwartende Gesamtlänge (in cm)

c empfohlener Temperaturbereich (in °C)

d empfohlene Anzahl für ein 100-Liter-Aquarium

e Schwarmfisch (S), Revierfisch (R)

f Haltung von sehr einfach (1) bis sehr problematisch (6)

g Vergesellschaftung von sehr friedlich (1) bis schwierig (6)

Artenübersicht

a	b	c	d	e	f	g
Salmler						
Paracheirodon innesi	4	20–24	7	S	2	1
Paracheirodon axelrodi	5	23–26	7	S	3	1
Gymnocorymbus ternetzi	5	21–25	7	S	1	1
Hasemania nana	5	22–27	7	S	2	1
Hemigrammus erythrozonus	4	24–28	7	S	3	1
Hemigrammus ocellifer	4	23–26	7	S	1	1
Hemigrammus hyanuary	4	23–27	7	S	3	1
Hemigrammus rhodostomus	4	23–26	7	S	2	1
Petitiella georgiae	5	22–26	6	S	3	1
Hemigrammus pulcher	4	23–27	7	S	3	1
Moenkhausia sanctaefilomenae	7	22–26	6	S	1	1
Moenkhausia pittieri	6	24–28	6	S	4	2
Hyphessobrycon flammeus	4	22–28	7	S	1	1
Hyphessobrycon callistus	4	23–28	7	S	3	3
Hyphessobrycon bentosi	4	24–28	7	S	2	2
Hyphessobrycon erythrostigma	6	23–28	6	S	3	3
Megalamphodus megalopterus	4	22–28	6	S	2	1
Megalamphodus sweglesi	4	20–24	6	S	3	1
Thayeria boehlkei	6	22–28	6	S	2	1
Pristella maxillaris	4,5	24–28	6	S	2	1
Copeina guttata	12	24–28	–	S	3	2
Copella arnoldi	8	24–28	5	S	2	1
Nannostomus beckfordi	6,5	24–26	5	S	3	2
Carnegiella strigata	4	24–28	6	S	4	1
Phenacogrammus interruptus	8	24–27	5	S	4	1
Karpfenfische						
Balantiocheilus melanopterus	30	22–28	–	S	3	2
Barbus conchonius	13	18–23	5	S	1	3
Barbus nigrofasciatus	6	20–23	6	S	1	2
Barbus oligolepis	5	20–24	7	S	1	1

Artenübersicht

a	b	c	d	e	f	g
Barbus semifasciolatus	10	18–24	5	S	1	2
Barbus tetrazona	7	21–26	6	S	1	3
Barbus pentazona	5	22–26	7	S	3	1
Barbus ticto	6	15–23	5	S	2	2
Barbus titteya	5	23–26	7	S	1	2
Brachydanio albolineatus	6	20–25	6	S	1	1
Brachydanio nigrofasciatus	4	24–28	7	S	2	1
Brachydanio rerio	6	20–24	7	S	1	1
Danio aequipinnatus	10	22–25	5	S	1	2
Carassius auratus	30	10–26	3	–	2	1
Epalzeorhynchus siamensis	12	24–27	3	–	2	3
Epalzeorhynchus kallopterus	12	24–27	3	–	2	3
Labeo bicolor	12	23–27	1	–	1	5
Rasbora borapetensis	5	22–26	6	S	2	2
Rasbora heteromorpha	4	22–26	6	S	3	1
Rasbora hengeli	3	23–27	6	S	3	1
Rasbora maculata	2	24–27	6	S	3	1
Tanichthys albonubes	4	18–22	6	S	1	1
Welse						
Corydoras aeneus	7	23–26	6	S	3	1
Corydoras paleatus	6	23–26	6	S	3	1
Ancistrus spec.	12	23–27	3	R	3	1
Hypostomus punctatus	30	22–27	–	–	3	1
Synodontis nigriventris	9	22–26	3	–	3	1
Pangasius sutchi	20	22–26	–	–	6	3
Zahnkarpfen						
Xiphophorus maculatus	6	21–25	5	S	1	1
Xiphophorus variatus	7	16–22	5	S	1	1
Xiphophorus helleri	11	22–26	2	S	2	2
Poecilia reticulata	5	18–28	6	S	1	1

a	b	c	d	e	f	g
Poecilia sphenops	6	25–30	5	S	3	1
Poecilia velifera	16	25–30	2	S	4	2
Aphyosemion australe	6	21–24	4	(R)	4	2
Aphyosemion bivittatum	5	22–24	4	(R)	5	2
Buntbarsche						
Aequidens curviceps	8	23–27	2	R	3	2
Nannacara anomala	9	22–26	2	R	2	3
Apistogramma cacatuoides	8	23–28	4	R	2	2
Apistogramma borellii	5	23–28	2	R	2	2
Apistogramma resticulosa	6	23–27	2	R	2	2
Apistogramma agassizii	10	22–25	3	R	3	3
Microgeophagus ramirezi	6	25–30	4	R	3	2
Pelvicachromis pulcher	9	22–26	2	R	2	3
Pelvicachromis taeniatus	8	23–27	2	R	3	3
Pelvicachromis roloffi	8	24–26	2	R	3	3
Julidochromis ornatus	9	24–27	2	R	2	4
Julidochromis dickfeldi	8	22–26	2	R	2	4
Julidochromis transcriptus	7	24–27	2	R	2	4
Neolamprologus brevis	5	23–26	4	R	2	1
Neolamprologus multifasciatus	5	23–26	4	R	2	1
Neolamprologus ocellatus	6	23–25	4	R	2	2
Neolamprologus elongatus	9	23–26	2	R	2	3
Pterophyllum scalare	15	25–27	2	R	3	2
Pterophyllum altum	16	26–28	2	R	4	3
Symphysodon aequifasciata	18	27–30	2	R	5	2
Symphysodon discus	18	27–30	2	R	5	2
Labyrinthfische						
Colisa lalia	5	25–29	2	R	3	3
Colisa chuna	4	25–29	5	R	2	2
Colisa labiosa	8	24–29	2	R	2	3

Artenübersicht

a	b	c	d	e	f	g
Colisa fasciata	12	24–29	2	R	3	3
Trichogaster trichopterus	13	22–29	2	R	1	4
Trichogaster leeri	11	25–29	3	R	4	2
Trichogaster microlepis	14	25–29	2	R	3	2
Macropodus opercularis	9	22–27	2	R	1	4
Macropodus concolor	9	24–28	2	R	3	3
Macropodus chinensis	7	10–28	2	R	5	3
Pseudosphromenus dayi	7	23–27	2	R	3	2
Pseudosphromenus cupanus	7	23–27	2	R	2	2
Trichopsis pumila	3,5	25–28	–	R	2	2
Trichopsis vittata	7	24–28	4	R	2	2
Sphaerichthys osphromenoides	5	26–30	5	–	5	1
Betta splendens	8	25–29	3	R	2	3
Betta picta	5	23–28	4	R	2	2
Weitere beliebte Zierfische						
Acanthopsis choirhynchus	12	24–28	1	–	3	2
Acanthophthalmus kuhlii	10	24–29	3	–	4	1
Botia macracantha	15	25–29	–	S	2	3
Botia sidthimunki	5	25–28	6	S	2	1
Gyrinocheilus aymonieri	15	24–28	1	–	2	3
Brachygobius xanthozona	4	24–29	4	R	5	1
Tetraodon fluviatilis	15	24–28	–	R	3	6
Melanotaenia maccullochi	7	20–25	6	S	1	1
Glossolepis incisus	14	22–24	–	S	2	2

Register

Register